全国中小学教师/校长培训用书

源创图书

助力教师成长

教师的书桌

从阅读抵达教学

周春梅——著

中国人民大学出版社
·北京·

目录

CONTENTS

/第二辑/

蜗牛或玫瑰花瓣

/第三辑/

透明的心灵

/第四辑/

一如倒影，一如梦境

/第五辑/

废墟之上，仍有火光

序

吴　非

读周春梅老师的书，对她把这本书起名为“教师的书桌”，有一些感慨。

2009 年，周春梅的第一本读书笔记《把自己和书关起来》在花城出版社出版，书名颇让人震撼，一些老师不知她何以嗜书如此。十多年过去了，与书为伴的周老师依旧从容地立在讲台边，教室依然满溢书香，一批又一批的学生，从课堂中受到启示，也关注周老师的书桌，开始了自己的阅读生活。

收入本书的，只是周春梅近十年读书笔记的一部分，她的阅读远远不止于此。这些读书笔记及观影随笔，都是她应约为报刊读书栏目所写的文学阅读，为照应读者，文字平易亲切，与她的课堂风格相近。在不同的年月、不同的心境下所看的不同的书，合成一个人的阅读史。那些小说，那些诗和散文，是人的勇气和智慧，展现着思想者的境界；那些人间故事，那些游吟者的歌，代表着“无穷的远方和无数的人们”。它们随着周春梅，走进教学，也通往个人的澄明之境。据我了解，她有大量文学以外的阅读，同时写过一批更“小众”的（或曰更“私人”的）阅读笔记。阅读并记录思考，占据了周春梅大部分业余时间，可能像费尔巴哈所说的，“人就是他所吃的东西”，因为读得多，思虑深，周春梅已经有些像书了。

通往自如的教学，取决于教师自觉的探索，愿望有多坚定，路也就有多远。其实，教师职业生涯中，真正用于上课的时间并不算多，更多的时间是在读书养性，完善自我，以个人的“会学”，达成“教”。周春梅的阅读，不断地有新的出发地，却永远没有止境。南京师范大学附属中学的一些同事，都有这样的追求，这也是我时时怀念学校的原因。

前辈教师谈体会，说一节课“备了一辈子”，是指学海无涯，教也无涯，业精于勤，功在不舍，这个比较容易理解；如果以为掌握一般教学技术也要用一辈子，或许会显得平庸。“学养”“底子”“根基”，需要漫长岁月的积累，非此不足以言“修养”。讲台艺术无止境，常思不足，方能立足。站稳讲台的根基，是读过的书，积攒的教训，这些，要靠自己摸索；教师的一节课，是他的见识、境界和灵性，无法复制灌输，无法通过“培训”获得。不仅仅语文学科，所有学科，莫不如此。正因为如此，作为“教书人”的周春梅，将读书当作通向职业自由之路，自然也就有了不同一般的意义。

接受职业教育，获取任职资格证书，是不是就有“教”的资格？对此，越来越多的教师表达了自己的困惑，因为凭这点可怜的底子，对付“低水平、重劳力”的应试教学都感到吃力，更谈不上“立人”了。教育能否让学生有高一些的精神追求，能否有对学生未来负责的意识，能否让学生生命中有美好的教育记忆，取决于讲台上的教师有什么样的眼界与境界。

曾与不同学科的教师讨论“根基”：在走向讲台之前，我们究竟读过多少书？说起来，经过小学、中学 12 年教育，加上 4 年大学本科教育，16 年的学习，也该有点“底子”的（如果再有硕士阶段，应当更结实一些）。然而，很尴尬，把应试教育训练出的考试技能清理掉，很多教师常感叹没读过什么有用的书。有人认为，一个人把在学校学到的知识忘掉，剩下的就是教育。那么，教师在走向讲台之前，自身究竟还有哪些“剩下”的东西？很遗憾，许多教师无法摆脱“补课”“应试”的记忆。教师因袭了时代的重负，如果仍然没有觉醒意识，不从错误的教育中挣脱，铸造新我，讲台边的这个人就“立”不起来，同样，也难以担负“立人”的职业责任。

只有个人的阅读，才会产生个人的思考。阅读注定是孤独的探索之旅，只有长期的个人阅读，才有可能孕育新的思想，铸造有教育尊严的教师。周春梅有顽强的寻找意识，执着地阅读，不偏激，不盲从；她读一本书，反复读，沉潜在问题中，比较判断，延伸到不同类别的书；即使读出了遗憾和失望，乃至怀疑并自我否定，也从未停止探索和寻找。经历了必需的锤炼，思考趋于理性，获取的精神滋养融入生命，也自然地融化在教学中，这是作为教师的“个人”所能做到的。周老师的阅读，恒久而沉静，如同她整洁朴素的书桌。

教师的个人阅读与思考，是教育教学的一部分。这个过程展现出的精神和眼界，不可能不出现在教学中，不可能不影响学生；学生多多少少会受教师的引导，一些学习观念也会跟随他们走向未来。教师辛勤工作，让学生考取高一级学校，仅仅是教育任务“之一”，如果以此为全部教育，作为人，学生肯定“立”不起来。

人只能自我启蒙。有摆脱蒙昧的愿望，读书求知，才可能有醒悟和发现，有思想的自觉。学生尊奉教师为启蒙者，只是习惯说法。作为教师，我们究竟有没有开启蒙昧的能力？在教育过程中，教师可能会发现自身尚未摆脱蒙昧，已有的知识尚不足以解除自身的困惑，尚没有能力克服自身的不成熟，无法走出困境，因此会产生自我启蒙的需求。教师的职业特征，是比一般人“会学”，他的阅读，如在黑暗中摸索，锤斫石壁，斧斩荆棘，寻找光，踩一条路，而那迸出的火星、敲击的声响，青少年看见了、听到了，以为这就是“启蒙”。其实，那个人是在为自己的生命寻找光和路啊。观察周春梅的读书与实践，是不是可以有这样的认识：教师的教育教学，也是探索并自我启蒙的过程，和学生一道读书，也和学生一同走向学习的自由之境？

读书是精神之旅。我的记忆时空中，多次有这样的经历：列车停靠在远方小站，在黑夜，在风雪中，这些小站在原野，在林区，在大山深处，信号工如石像一样直立在站台。可是，这不是目的地，这只是一个“站”，甚或只是“临时停车”，前面还有无数的“站”。那样的图景反复出现，让我想到教师的职业，这个社会，需要有一些人“以有涯随无涯”。道路没有终点，列车未必有目的地，也无所谓“出发”或“抵达”。人们从哪里来，要到哪里去，他们会问手上的书吗？更何况个人的阅读，可以自由地通向未知世界，不需要循着固定的轨道。

教师的书桌，是个人的精神世界，与书为伴，前行就有了光。周春梅老师和南京师范大学附属中学的同事们把读书作为生命方式，能独立面对教育教学中的困难，他们的实践，不仅照亮了学生面前的一段路，也必将为未来的学校发展留下可贵的经验。

是为序。

2022 年 6 月　南京

第 一 辑

天空
所有星辰

《红与黑》中的绿荫

由法国和意大利合拍、根据司汤达的名著《红与黑》改编的同名电影，呈现了于连与德·雷纳尔夫人、德·拉莫尔小姐的情感纠葛，而原著中个人奋斗、阶层对立等社会性主题，则淡化成故事的背景。这大概是此类电影的通病，不必苛责导演，因为名著往往体量巨大，内涵丰厚，时长有限的电影很难容纳。其实，只需读读小说的开头几页，就可以体会到明显的差异。如果将电影比作一颗明亮的星星，小说无疑是一方璀璨的星空。

在旅游渐成国人“刚需”的今天，世界各地几乎都可见到中国游客的身影，这在几十年前还是难以想象的。古老的中国有柳宗元《永州八记》那样清丽隽永的山水游记，也有苏东坡《赤壁赋》那样仙气飘飘的天才之作，但其中的出游多为文人从政之余的消遣，遭贬谪时，更可借此遣愁抒怀，醉翁之意本不在山水。徐霞客那样的真正的旅行家，实属罕见。普通的中国人“在家千日好，出门一时难”，行旅往往是因服役、经商等不得已而为之。读《红与黑》[①] 则可发现，在近两个世纪前，欧洲已有了现代意义上的旅游业。

小说开篇，就为我们描述了法国一个小城的旖旎风光：

① 司汤达. 红与黑 [M]. 郝运，译. 上海：上海译文出版社，1990.

> 它的红瓦尖顶的白房屋散布在小山的斜坡上，一丛丛茁壮的栗树把山坡每一个细小的起伏都显示出来……维拉山的那些锯齿状的山顶从十月出现初寒的日子起就盖上皑皑白雪。

小城已经有了为游客考虑的基础设施：市长为一条公共散步道修建了挡土墙，使其免受雨水冲刷，又运来泥土添加在墙后，让悬铃木能迅速生长，发出浓荫。这样本城的居民可以方便地散步，而外来的旅行者则可以坐在绿得发蓝的树荫下，眺望对面的河谷。

对这样美丽的小城，司汤达却不无揶揄地写道：

> 在这座您觉得如此漂亮的小城里，一切取决于提供收入……他们口口声声谈他们家乡的美丽，我们不能否认他们非常重视它；但是这是因为它吸引来了一些异乡人，他们的钱使客店主人们发财，而且通过入市税的征收给城市提供了收入。

不过当时的人们显然还不懂得绿水青山就是金山银山，因为我们在这座小城里，同样可以看到初具规模的工业。旅行者们一进城，就会被可怕的机器轰隆声震得昏头涨脑，这声音来自一家以水力为动力的制钉厂。正是依靠这家制钉厂，德·雷纳尔先生拥有了漂亮的房屋和花园，当上了市长。而使小城居民走上共同富裕之路，让每一所房屋的正面都整修一新的，是一种印花布的生产，印染工业无疑也会对环境造成巨大的污染。

这座叫作维里埃尔的小城，据说以司汤达的故乡为原型。经济发展与环境保护的矛盾，显然还不是19世纪的小说家们所关注的问题，他们更关心的，依然是人的问题。司汤达借小城批评的是居民的贪欲、舆论的专横暴虐。都德出版于1869年的短篇小说集《磨坊信札》中收录有《科尔尼耶老板的秘密》，描述塔拉斯孔城开设面粉工厂后，当地磨坊的风车都停顿下来，但科尔尼耶老板磨坊的风车却照旧运转不休。原来他是用生石灰冒充麦子来磨粉，营造磨坊依旧能维持的假象。这篇小说如田园生活的一曲优美挽歌，但关注的依然是工业对人的生活的影响，而非对环境的破坏。

如今我们去欧洲的那些小城，会沉醉于它们的古老宁静。看来经历了长久的曲折发展，它们较好地解决了经济建设与环境保护的矛盾，让21世纪的我们，仍可以在绿色浓荫下眺望美丽的雪山和河谷。

如果欧也妮有电话

《欧也妮·葛朗台》是大家都熟悉的名著，不过大家印象最深的可能并非欧也妮·葛朗台，而是她那位守财奴父亲。他瞪着金子的眼光和临死前对着神甫的镀金十字架那骇人的一抓，是中学生都熟知的经典细节。有意思的是，读《欧也妮·葛朗台》也许过时了，但拜金却依旧存在，只是披上了各式各样的华美外衣，不像葛朗台般粗野和赤裸罢了。

小说真正的主人公无疑是女儿，而非父亲。巴尔扎克为小说取名为《欧也妮·葛朗台》，并将之献给一位马利亚女士——据说这位女士正是欧也妮·葛朗台的原型。天真单纯的欧也妮，在她所在的时代，就已是稀罕的古物，可惜她纯真无私的美德并不“因稀而贵”，在那些追逐奉承她的人眼里，她的价值只等同于家产的价值。葛朗台太太去世时，想到把这头和她一样洁白的“羔羊”孤零零地留在自私自利的世界上任人宰割，就浑身发抖。

欧也妮的一生是个悲剧，她珍视的与堂弟夏尔的爱情，更是个悲剧。但她的爱情并不因对象的庸俗卑劣而成为一出闹剧——这爱情出自一颗月亮般皎洁的心，它照见了沟渠，却没有因沟渠的卑污而改变自身的皎洁。相似的还有雨果名著《巴黎圣母院》中美丽纯洁的艾丝美拉达对卫队长的感情。

法国电影《陌路人》中，一位高仓健式的硬汉，偶有机会扮演一位文学教师的角色。关于《欧也妮·葛朗台》，他向那位十几岁的学生提了一个很有意思的问题：如果欧也妮有一部电话，会怎样呢？较之“请分析欧也妮·葛朗台这一人物形象”一类循规蹈矩的问题，这位非专业人士的问题打通了小说三要素——人物、环境、情节，且颇有想象力。十多岁的少年不知如何回答，于是电影将这一问题留给了观众。我猜想导演本人是巴尔扎克的忠实读者，以此向大师致敬。

如果欧也妮有一部电话，能方便地与远在印度的夏尔保持联系，或许就能用温柔纯真的爱，留住他心灵中最后一点纯洁的感情？事情可能是另外一种情形：在频繁的联系中，夏尔了解了伯父真实的财产状况，避免了另结新欢的愚蠢行为。欧也妮的命运会由此改变吗？——很难说。夏尔这样的花花公子，带给欧也妮的恐怕只会是另一场悲剧：丈夫挥金如土，浪荡成性，欧也妮则如一位母亲般隐忍包容，默默承受自己的不幸。

就像今天的我们，不仅有电话，还有手机，有网络，但爱情中依然有不忠与背叛，生活中依然有隔阂与孤独。联系的方便，并不意味着联系的紧密。再发达的信息系统，也覆盖不了心灵中那些隐秘的角落，而决定命运的那些本质性的品质与情感，永远躲藏在技术所不能抵达的深处。

天空所有星辰

这是一座华贵的府邸：卧室，大小客厅，各种房间，相当宽敞的院子，古典佛罗伦萨风格的圆拱回廊，树木苍翠的园子。楼下朝花园的一面，有间富丽堂皇的游廊式的长厅，墙上悬挂着出席此间一次重要宴会的权贵的画像，向来访的客人宣告这所住宅的光荣历史、高贵“出身”。紧邻这所府邸的是一所小小的医院：只有一层楼，几间小屋，院子也小得可怜。26 个住院病人的病床一张挨着一张，拥挤不堪，空气也不流通。而旁边的那所大房子，仅一个高大宽敞的餐厅，就足以放下 20 张病床。

从一个小房间搬到一个有花园的大宅子，即使到了今天，仍是大多数人奢侈的梦想。但也有为数很少的人会做出不一样的选择，比如雨果的名著《悲惨世界》[①] 中那位以宽容和尊重改变了冉·阿让的卞福汝主教。冉·阿让的故事人们非常熟悉，根据小说改编的电影，一般直接从冉·阿让逃亡讲起，此处不再赘述。小说原著中，雨果却用了第一部的开篇整整一卷、长达几十页的篇幅，来完整地介绍这位主教。

卞福汝主教本可住进众人羡慕的那所有着幽静花园的豪宅，但

① 雨果. 悲惨世界 [M]. 郑克鲁，译. 上海：上海译文出版社，2010.

他在视察了旁边那所小医院后，就请病人们搬进了主教府，自己则住进了简陋的小房子。主教年金共 15000 法郎（利弗），他只给自己留了十五分之一，其余悉数捐出，跟随他生活的妹妹和女仆只能精打细算，清贫度日。小说中看似多余地列出了一份捐款的详细清单，除了捐助宗教团体之外，有些款项值得注意：改善监狱费 400 利弗，改善囚犯待遇及救济费 500 利弗；穷人救济款 6000 利弗；本教区穷苦教师补助津贴 2000 利弗；迪涅等地穷苦女孩免费教育妇女会捐款 1500 利弗。穷人之困在于物质，囚犯之困在于精神，两者在卞福汝主教这里同属匮乏与不幸者。考虑到小说所设置的 19 世纪初的时代背景，卞福汝主教对教育尤其是女性教育问题的特别关注，无疑具有极大的进步意义。同为 19 世纪的经典小说《简·爱》，女主人公简·爱从罗切斯特身边出走，流浪途中，也曾在牧师圣约翰的安排下担任乡村女教师，教穷苦的农村女童阅读、书写、计算等，暂得栖身。这部爱情小说，更准确地说是探讨女性命运的小说，不经意间为我们提供了西方教育史的一个小小侧面。小说虽属虚构，却也对我们了解历史具有一定的参考价值，如巴尔扎克之《人间喜剧》，曹雪芹、高鹗之《红楼梦》。

而夏洛蒂·勃朗特为简·爱安排的栖身之所，也只是一间小小的房子，简单到了极点，只有必需的生活用品，但简·爱却视若珍宝："我终于找到了一个家。"对一个贫苦的孤女来说，还有什么比家更可贵呢？据说拥有偌大故宫的皇帝，大部分时间都在书房度过，这是一个非常小的空间。曾获普利兹克建筑奖的王澍对此有这样的感慨：任何一个普通人，所需要的可用、亲切、温暖的空间确实很小，大了之后你的心都无处安放。这位卓越的建筑师的感慨，对一味追求"大"的我们来说，不失为一种提醒甚至警示。

回到卞福汝主教这里，他就此安心地居住在简陋的屋子里，没有一扇门上锁，永远对所有的人敞开——这样，冉·阿让才得以闯进一片光明的空间，一个永恒的所在。卞福汝主教每天晚上坐在一条木凳上，靠着一个朽了的葡萄架，穿过果木瘦枝曲蔓的暗影，仰望繁星。这个院子被木棚仓房占据，草木少得可怜，老人却非常知足：小小的园地足供散步，无际的天空足供遐想。地上几朵鲜花，天空所有星辰。

福楼拜的鹦鹉

一只存放在博物馆玻璃柜里的漂亮的鹦鹉标本，羽毛鲜艳，有神的眼睛一如它生前，盯得你心里发慌。

在生活中，你一定还有不少机会见到鹦鹉。公园里，猛一声“吃了吗”的学舌，惊破你的遐思；在车站等车时，有养鸟人疾驰而过，一手把车，一手高高地托起鸟笼，那笼中，正是一只色彩华美的鹦鹉。

或许你还曾读到或听到过这样的逸闻：有一个年轻男子与一只鹦鹉一起生活，他将其视为自己唯一的爱。可是鹦鹉死了，他在对鹦鹉的怀念中孤独度日，慢慢地，他觉得自己幻化成了那只鹦鹉。他试着像鹦鹉一样走路，学习在东西上停栖；他伸出手臂的样子，就像鸟儿张开翅膀。家人不得已将他送往疗养院，他却中途逃跑了。第二天早晨，人们发现他栖息在一棵树上。劝说他下树非常困难，最后，有人用一只巨大的鸟笼诱捕了他。这个荒诞不经的故事让你发笑，可同时又让你觉得沉重。你很快把这个故事遗忘，开始你丰盛的晚餐。

这些画面、声音和信息，很快湮没于你巨大而黑暗的无意识记忆的水域。它们沉睡着，或许有一天像一条活泼的鱼突然跃出水面，溅起一些水花，带出一些相关的记忆，比如你在车站等车时，温柔地牵着你的那只手。仅此而已。

英国小说家朱利安·巴恩斯的《福楼拜的鹦鹉》为我们提供了一

组相似的碎片。不同于我们的是，在 19 世纪中叶，在词汇和比喻中殚精竭虑的福楼拜，以某种神奇的方式，将这些碎片幻变成了一篇完美的小说——《一颗简单的心》。一个穷苦的女佣，任劳任怨地工作了一辈子。她先后将自己的感情寄托于不同的人：粗野的未婚夫，女主人的孩子，自己的侄儿……这些人陆续从她的生命中消失，有的死了，有的离开了。她最后的感情慰藉是一只鹦鹉，但鹦鹉也死了。她将鹦鹉制作成一只标本，在它的陪伴下死去。

这个故事、这颗简单的心试图讲述什么？作为一个追求作品的客观和自足的作家，福楼拜在文本内外都拒绝给出答案，也因此给故事的解读留下了广阔的空间。

热爱福楼拜的读者，或许还有兴趣探究：从关于鹦鹉的那些记忆碎片，到《一颗简单的心》，其间的漫长道路上，究竟有些什么？

我们知道，是天赋加上勤奋而耐心的劳作，将碎片幻变成完美的小说。具体的幻变过程，则神秘不可言。遇见什么样的碎片，记忆会筛选出哪些碎片，碎片最终以什么样的方式组合成什么样的作品，如同命运一样变幻莫测。在不同的作家那里，同样的碎片的组合方式可能完全不同，最终呈现的作品也就如水中倒影，随水流、风向而出现各种夸张和变形。

追问一只鹦鹉标本如何变成《一颗简单的心》，就如同追问：一颗其貌不扬的种子，如何长成一棵满枝青碧的树，开出洁白轻盈的花，结出饱满甜美的果实？谁有神力创造和解答这一切？只有上天。我们能观察和描述，甚至能通过劳作参与这一过程，但真正能让一颗种子开出花的，只有伟大而神秘的自然。

让我们静静地坐在树下，看满树花开，听叶间清风低吟；至于这棵树如何在宇宙之中长成，且正好与我们相遇，还是留给上天去操心吧。

水上浮萍风中絮

莫泊桑的小说《项链》曾入选中学教材，因此为大多数中国读者所熟悉。传统的评论认为这篇小说批判了人的虚荣，玛蒂尔德也为自己的虚荣付出了巨大的代价。作家毕飞宇认为这篇小说体现了“契约精神”，并将这篇小说的背景置换成中国当代，有发人深省的对比与阐释。我在多年后重读这篇小说，则发现了原本忽略的一些细节。

这篇创作于1884年的小说，为我们勾勒出当时法国的市民阶层向往的家居环境：优雅的厅堂，装饰着东方的帷幕，点着高脚的青铜灯，还有两个穿短裤的仆人，躺在宽大的椅子上，被暖炉的热气烘得打盹儿。玛蒂尔德在她觉得寒碜的住宅里这样幻想着，终于度过了百无聊赖的一天。她的丈夫——教育部的一位小职员——则在忙碌了一天后回到了家，面对着一块三天没洗的桌布和一锅油腻腻的肉汤赞叹不已。而她则继续着自己的白日梦：梦想精美的晚餐、亮晶晶的银器；梦想一边吃着鲈鱼或者松鸡翅膀，一边带着迷人的微笑听客人密谈——当然，客人是一般女人最仰慕、最乐意结识的男子。

如果我们认同传统的“虚荣说”，玛蒂尔德的虚荣不仅包含了物质上的享乐，更有精神上被在意、迷恋甚至宠爱的需求。她觉得自己配得上这样的宠爱，因为她是美丽迷人的。这里其实有一种不自觉地将自己商品化的计算：女人的颜值等于价值；当然，还有锦上添花、只可意会的文雅及风韵等，也都可作为附加值来增加吸引力。如果玛蒂尔德有机会读到多年后冰心曾在文坛惹出不小风波的《我们太太的客厅》——那个中西合璧的客厅，那位雅致迷人、中西皆通的女主人，那些兼具学问与诗意的高级客人——她大概会将成为那样的沙龙女主人作为自己的人生理想。

“项链事件”后，玛蒂尔德终于从白日梦中清醒过来，一下子显出了英雄气概，毅然决然打定了主意，显现出承担责任的勇气与坚韧。小说最后，她面对自己依然年轻美丽的昔日女友，说出了关于项链的真相，并且带着天真的得意的神情笑了。这带着天真和得意的微笑——关键是微笑背后的十年的艰苦劳作，让我们对她转变了态度：同情甚至敬佩胜过了原有的嘲讽与批评。

这十年的艰苦劳作究竟是什么样的呢？如果我们客观地看，会发现其实不过是一个家庭主妇的日常劳作。小说中的玛蒂尔德并没有养育孩子与照顾老人，她这“悲壮”的十年，其实就是亲自动手打理自己和丈夫两个人的日常生活——因为没有了女仆。小说中描述了这样的细节：她刷洗杯盘碗碟，在那油腻的盆沿上和锅底上磨粗了她那粉嫩的手指；她胳膊上挎着篮子，到水果店里、杂货店里、肉铺店里，争价钱，受嘲骂，一个铜子一个铜子地节省她那艰难的钱。锅碗瓢盆、精打细算，这是中国当代的职业女性在完成工作、孝敬老人、照顾孩子以外，必须面对的另一部分日常功课——只是一部分而已。当然，因为有了家电、网购等，这部分日常功课能完成得比较便捷，但操的心可一点也不少。

这样去质疑“艰苦的十年”，并非对玛蒂尔德吹毛求疵甚至全盘否定，只是想强调，无论生活在什么样的时代，出生于什么样的家庭，拥有什么样的容貌，如果想要让人生远离本可避免的悲剧，恐怕还得回到人之根本，回到一些最朴素的价值，比如善良而淳朴的心，比如辛勤劳作，比如充实的精神。瑞典导演英格玛·伯格曼的电影

《呼喊与细语》中，那沉浸于自己的呼喊与细语、彼此疏离的三姐妹外，有一位忠诚淳朴的女仆安娜。她身份卑微，却有圣洁的心灵，在劳作与信仰中找到了人生之根，不但自己拥有了他人难以剥夺的安全感和确定感，还给予身边的人们生活上的照顾与稳定的心理支撑。而客厅里太太小姐们那些无根的白日梦，则终成水上浮萍、风中飘絮。

走出“象牙片”的世界

对英国女作家简·奥斯丁的小说历来评价不一。我们比较熟悉的评价是其小说“人物刻画入微，但画面只二寸宽”。这种评价源自奥斯丁本人的一封信：她的侄儿丢失了一份小说稿，她开玩笑说自己没有偷；她工笔细描的象牙片只二寸宽，侄儿大笔一挥的文字不合用。看似谦卑的玩笑里实则自有信心。

“人物刻画入微，但画面只二寸宽”的评价，类似于清代刘熙载论“五代小词”之“虽小却好，虽好却小”。我基本认同这个评价。奥斯丁的小说中当然也有社会背景，比如，人物的婚恋观，折射出了当时社会不同阶层的地位、心理，可看作一份特殊的社会学笔记；而人物命运的变化，也反映出历史事件与社会变迁，比如，《劝导》中的温特沃思上校在数年海员生涯后获得了地位和财富，得到安妮家庭的认同，其实这与英帝国的殖民扩张背景有关。

但这些只是作为背景，小说的情节毕竟如奥斯丁自己所说，集中在“乡村中的三四户人家”。研究者可以从这三四户人家的故事里发掘出丰富的人情世态、高超细密的艺术手法，不过对我这样的普通读者而言，集中阅读，的确会有沉闷琐屑之感。或许这正体现出作家嘲讽的本意：中产阶层的日常生活，本就如此庸俗乏味。

奥斯丁所欣赏的女性，如《劝导》中的安妮、《傲慢与偏见》中的伊丽莎白，洞悉世事人情，能跳出当时社会的傲慢与偏见，对人对事有明智合理的判断；有意思的是，这些女性，最后总能得到符合当时社会主流价值的圆满结局，成为贤惠称职的主妇。

做一个富有家庭的贤惠称职的主妇，或许是当时的中产阶层女性所能有的最好结局；至于婚姻有没有感情基础，倒在其次。不过也有不少女性做出了不同的选择，比如奥斯丁本人，并未因生活拮据而屈就一桩没有感情的婚姻；而人们熟悉的“提灯女神”南丁格尔，更是主动放弃了看似高贵、实则乏味空虚的贵族生活，走上了一条充满艰辛却更有意义的道路。

有趣的是，今天的许多女性对人生的追求，并未超出两个世纪前“乡村中的三四户人家”的见识。“南丁格尔们”所力图逃脱的，正是她们孜孜以求的。许多人向往做富有家庭的全职太太，幸福感则来自自己的安逸享乐、丈夫和孩子的世俗成功以及在比较中获得的优越感；不少职业女性只是将工作作为家庭生活的一个补充，其人生的重心与那些全职太太并无二致。

人各有志，不过如能跳出局外，对自己的“志”做些审视与反思，对人生也不无裨益。南丁格尔认为没有哪个时代像 19 世纪这样，让女性拥有了充分开发自己能力的自由和机会，因此 19 世纪于女性而言，是最好的一个时代。当然这更适用于今天。在最好的时代里，女性如要走出“象牙片”的世界，拥有广阔的人生，终究还要依靠自己，而非一个称职主妇的身份。

日暮乡关家何在

《简·爱》[1]是英国作家夏洛蒂·勃朗特最著名的小说，陪伴过许多少女成长。在简·爱这个贫穷矮小却自尊自强的孤女身上，少女们投射着自己的情感和梦想，其中也包括当年的我。

作家伍尔夫（又译为“吴尔夫”）在《〈简·爱〉与〈呼啸山庄〉》一文中曾注意到《简·爱》中的色彩感：

> 两间屋子都铺着白地毯，地毯上似乎放着一个个色泽鲜明的花环；两间屋子的天花板都有白色葡萄和葡萄叶蔓的雪白凹凸花样，下面放着紫红的卧榻和软凳，形成强烈的对比；而放在巴黎式样的白色壁炉架上的摆设，是晶莹透亮的红宝石般的波希米亚玻璃制成的；窗子与窗子间有一面面大镜子，再现出房间各处雪火相映的景象。

作者似乎偏爱以鲜明的颜色营造一种特殊的氛围，此处意在突出桑菲尔德庄园内部装潢之华丽。营造氛围之外，居室的色彩还推动了情节的发展。小说开篇，年幼的简·爱躲在舅妈家小小的早餐室里，

① 勃朗特. 简·爱 [M]. 祝庆英，译. 上海：上海译文出版社，1990.

用窗帘挡住自己，低头翻看画册："层层叠叠的猩红帷幔挡住了我右边的视线，左边却是明亮的玻璃窗，它保护着我，让我受不到阴郁的十一月天气的侵袭，却又不把我与外界隔绝。"厚重的波纹红呢窗帘隔出的小小安全空间很快被打破，一贯以欺凌寄人篱下的简·爱为乐的表兄对她一番羞辱，简·爱奋起反抗，结果被关了禁闭。关她的屋子是舅妈家最宽敞堂皇的屋子，被称为"红屋子"，装修之华美，可与后来简·爱在桑菲尔德庄园所见媲美。但对年幼的简·爱来说，这间美丽的屋子却是一间"闹鬼的屋子"，随时可能钻出可怕的幽灵，因为舅舅正是在这间屋里去世的，从此这间屋子就空置着，笼罩着庄严而凄凉的气氛。这次惩罚使简·爱大受刺激，她惊叫着晕倒了。舅妈不得已请来一位药剂师，在与这位温和的药剂师交谈时，简·爱说愿意离开舅妈家去上学，小说从此为我们展开了一段新的生活。

自小无家的简·爱，又经历了劳渥德学校八年的寄宿生活，只希望拥有一间可以暂得休憩的小屋。桑菲尔德庄园中为家庭教师准备的一个简陋但整洁明亮的小房间，让她精神振奋。因情感波折从桑菲尔德庄园出走后，她曾得到一个乡村女教师的职位，终于拥有了生平第一个家。她用爱抚的眼光，细细打量这间宁静的小屋："有四把上了油漆的椅子和一张桌子，一只钟，一个餐具柜，两三只盆子和碟子，一套荷兰式白釉蓝彩陶茶具。楼上是一间跟厨房同样大小的卧房，有一张松木架的床和五斗柜。"这个不会因为缺少地毯、沙发和银盆就感到懊恼的孤女，太懂得家和奢华的物质享受无关，因此才会在罗切斯特几乎失去一切时重回他的身边，在荒凉的芬丁庄园重建一个温暖的家。在描述婚后的幸福生活时，画得一手好画、有出色审美力的简·爱未有一处提及屋子布置得如何，只强调："我们总是守在一起。对我们来说，守在一起既像孤独时一样自由自在，又像和同伴在一起时一样欢乐愉快。"家，就是相爱的人们相守的地方。

简·爱终于有了自己的家。而桑菲尔德庄园阁楼上的那个疯女人，罗切斯特的前妻伯莎，如何会落入命运的不幸牢笼？作家伍尔夫出身名门，才华横溢，却始终心系“一间自己的房间”，这个房间，不是芭比娃娃的公主屋，而是自由和独立的象征。迷恋华屋豪车丽服，甚至不惜当“玩偶”的女性，如能重读这部关于女性命运的经典之作，或许也可迷途知返，“悟已往之不谏，知来者之可追”。

因可爱而美丽

陀思妥耶夫斯基的小说《白痴》中，有一位光彩照人的女性娜斯塔霞。她命途多舛，但又极度自尊自爱，其灵魂的痛苦与艳丽非凡的容貌相互映衬，形成一种谜一样幽深迷人的气质。

这样的美让我们联想起中国读者熟悉的文学人物，如《红楼梦》中的尤三姐、《雷雨》中的蘩漪，尽管出身、教养不尽相同，但“雷雨”气质却是十分接近的。尤三姐以剑自刎，“揉碎桃花红满地，玉山倾倒再难扶”；曹禺则这样概括蘩漪的一生：“她的生命烧到电火一样地白热，也有它一样地短促。情感，郁热，境遇，激成一朵艳丽的火花……”

这些“雷雨”气质的女性，最适合的颜色是什么？有意思的是，作家们不约而同地选择了黑色。蘩漪出场时，“通身是黑色”，“旗袍镶着灰银色的花边”。《白痴》中，陀思妥耶夫斯基借梅诗金公爵之眼，带读者端详相片上艳光袭人的娜斯塔霞：“穿一条黑绸连衣裙，款式非常优美大方。”曹雪芹以桃红葱绿的妩媚春色衬托尤三姐绰约风流之态，但如无死亡那样的浓黑背景，也无法在读者心中“激起艳丽的火花”。黑色让桃红凝成暗红，葱绿转为墨绿，瞬间定格为永恒，增加了时间的重量与悲剧的力度。

黑色是包容性很强的颜色。黑色本身可有无穷变化，中国画的墨分五色——焦、浓、重、淡、清，据说曾让毕加索那样的艺术大师感慨东方艺术之博大精深。

不过，当我们如此沉迷于色彩之美时，也许另有一些更重要的东西被我们遗忘了。常人或许很难顿悟“色即是空”，但区分一下外表和本质却没有那么困难。托尔斯泰的《安娜·卡列尼娜》中有一个著名的场景：少女吉娣参加一次对她来说非常重要的舞会，她精心装扮自己，选择的主色调是粉色：粉红的网纱裙，粉红的高跟鞋。玫瑰红则作为点缀：粉色裙子以玫瑰红衬裙打底，浅黄发髻上别着一朵美丽的玫瑰。这样的装扮，与她的年龄、心境无疑是最匹配的。她想象自己崇拜的成熟女性安娜会穿迷人的紫色，但安娜却选择了黑色。在浓墨重彩地描述了安娜的美貌和衣着后，托翁却笔锋一转：“她的魅力在于她这个人总是比服装更引人注目，装饰在她身上从来不引人注意。她身上那件钉着华丽花边的黑衣裳是不显眼的。这只是一个镜框，引人注目的是她这个人：单纯、自然、雅致、快乐而充满生气。”再美的服装，也只是一个镜框；灵魂才是美的核心。

中国当代有一位非常特别的服装设计师——马可。多年来她一直保持同一形象：一条黑色的大麻花辫，一身素色，气质沉静，在光鲜亮丽的时尚圈中显得如此另类，甚至有些格格不入。服装设计之外，她致力于中国民间手工艺的调研、保护与开发，工作状态中的她完全素颜，但那种专注与虔诚的气质，如此动人。曾有记者问她最欣赏的设计师是谁，她回答说是大自然，它设计的几十亿人中没有两个完全相同。

大自然给予了我们独一无二的容貌，如同卢梭所说：“大自然塑造了我，然后把模子打碎了。”在此基础上，我们又通过独特的精神气质重塑了自己的外表，正如托翁所言：“人不是因为美丽而可爱，而是因为可爱而美丽。”

推着巨石上山

沿着墙，靠火炉的旁边，丢着一大堆破烂东西。“褥垫啦，破旧的长袍啦，裤子啦，细蓝条子的衬衫啦，没有用处的破鞋啦，所有这些破烂堆在一块儿，揉得很皱，混在一起，正在腐烂，冒出一股闷臭的气味。”你猜这是什么地方？答案可能会让你大吃一惊——这是一所医院的前堂。病房的情况并不比这好多少：酸白菜、灯芯的焦味、臭虫、阿摩尼亚味，弄得房间里臭烘烘的，让人仿佛走进了动物园。

这是 19 世纪末俄国一所医院的“第六病室”——就是契诃夫的名作《第六病室》[①] 中疯子们居住的病房。医院的其他地方也一样糟糕：蟑螂、臭虫、耗子太多，外科病室里丹毒从没绝迹过，整个医院里只有两把外科手术刀，温度计连一个也没有。门诊病人坐在又窄又黑的小过道里等着看病，医院的杂役和助理护士在他们身边跑来跑去，皮靴在砖地上踩得咚咚地响，死尸和装满脏东西的器具也从这里抬过去。

负责医院的安德烈·叶菲梅奇·拉京医师其实是一个有思想、有追求的人。他阅读各类报刊书籍，了解世界上医学方面最新的进展，从遗传学、细菌学到卫生学、精神病学，却不愿意改善医院的状况。

① 契诃夫. 契诃夫短篇小说选 [M]. 汝龙，译. 北京：人民文学出版社，1992.

他喜爱智慧和正直，可是却缺乏毅力和信心在自己的周围建立一种合理而正直的生活。他有一套自己的哲学：既然一切都会消亡，所有人都会死去——所有的生命、所有的状态都没有根本的区别，那么努力还有什么意义呢？人们应该像那位住在木桶里的古希腊哲学家第奥根尼一样，蔑视肉体的痛苦和尘世的纷扰，追求自由而深刻的思考，将之视为最高的幸福，因此应当忍受痛苦，放弃反抗。他还将自己的无能与不作为归咎于时代，想象自己如果出生在两百年后，就会成为另一个人。于是他将本可以做的事都放弃了，比如，多诊治一些病人；让环境变干净，改善通风条件；把臭烘烘的酸白菜汤改成有益健康的营养食品；雇佣称职的助手等。

第六病室里的病人伊万·德米特里奇则激烈地批判医师的这套哲学。他认为任何鼓吹对富裕和生活的舒适冷淡、对痛苦和死亡加以蔑视的学说，对绝大部分人来说是完全没法理解的，因为这大部分人从来也没有享受过富裕和生活的舒适。蔑视痛苦就等于蔑视生活本身，因为人的全部实质就是由饥饿、寒冷、委屈、损失、怕死等感觉构成的。不断进展着的是奋斗、对痛苦的敏感、对刺激的反应能力……人应当有一个能够同情和愤慨的灵魂。拉京医师并不反对病人激烈的批判，相反，他认为病人聪明、高尚，有美好的激情，但刚刚走进生活就疲乏害病了，跟他一样软弱和不中用。

与以上两位不同，医士谢尔盖·谢尔盖伊奇的理论则是："我们生病，受穷，那是因为我们没有好好地向仁慈的上帝祷告。"但宗教信仰并不妨碍他在城里私人行医，把生意做得很大，为自己谋私利。他们信念不同，但在这个病室里都一无建树：病人无所作为，医师随波逐流，医士则浑水摸鱼，分一杯羹。从某种意义上说，当时整个社会都变成了病态的"第六病室"，蕴蓄着不久后的革命风暴。

而在加缪的名著《鼠疫》中，里厄医生不寄希望于未来，只是致力于眼前的工作：“我不知道等着我的是什么，也不知道这一切结束之后会发生什么事。就目前而言，有病人，必须治疗这些病人。”志愿者塔鲁、神甫帕纳鲁、记者朗贝尔、小职员格朗也各有自己的信念，却在面对鼠疫时选择了与里厄医生一起付诸行动。人们面对苦难和疫情所做的努力，也许等同于希腊神话中西西弗推着巨石上山的苦役，但加缪却称赞这种反抗荒诞与虚无的勇气：“攀登山顶的拼搏本身足以充实一颗人心。应当想象西西弗是幸福的。”与拉京医师所理解的第奥根尼式幸福不同，加缪所称赞的西西弗式幸福是积极有为、充满抗争精神的。

最终支撑我们渡过难关的，并非高深的理论，只是朴素的真理：付诸行动，锲而不舍。

山长水阔知何处

契诃夫的小说《带阁楼的房子》[1]，带我们从画家的视角，欣赏一个如此美丽的庄园：黄昏的阴影在开花的黑麦地里铺展开来，画家走进了一条幽深的云杉林荫道。地上盖着厚厚的云杉针叶，只有树梢高处颤抖着明亮的金光，蜘蛛网上闪着虹彩。云杉道的尽头，是一条同样荒凉而古老的椴树长林荫道，树叶在脚下沙沙地响，右边古老的果园里，隐隐传来黄莺的歌唱。林荫道的尽头却豁然开朗，是一座有露台、带阁楼的白房子，安静的庭院、碧波粼粼的池塘、如烟的柳树，还有对岸夕阳映照下的乡村与钟楼，都美如童话，有一种古老的忧伤。宽广的土地，孕育了如此独具俄罗斯韵味的风景，如同秋日的白桦林，忧伤却如此迷人。

与如此美的环境相对应，房子里住着的姐妹俩也美如童话。两人都苍白而苗条，性情却大不相同。姐姐莉季娅关心社会，热心公益，倔强严峻；妹妹叶妮娅则迷恋读书，不谙世事，天真害羞。这篇写于1896年的小说中，画家与姐姐莉季娅有一场有意思的辩论，一个多世纪后的我们读来，依然会觉得富有启发性。画家认为，姐姐莉季娅迷恋的、整日为之忙碌的医院与学校的建设，地方自治局的工作，只

① 契诃夫. 契诃夫短篇小说选 [M]. 汝龙，译. 北京：人民文学出版社，1992.

是为拴住人民的巨大锁链添加新的环节，所以他宁愿不工作，将来也无意工作。莉季娅则批评画家的无所事事和漠不关心，说否定医院与学校总是比治病和教书容易得多，而人不能揣起手坐着不动。纵观契诃夫的作品，如《第六病室》等名篇，他的思想应当是倾向于画家的。契诃夫于 1904 年 44 岁时去世，没有等到巨大锁链被彻底砸碎的那一天。在一切都除旧布新的世界里，类似莉季娅那样的贵族出身、热衷公共服务与社会改革的人物，会有什么样的选择和命运？契诃夫的名剧《樱桃园》中，有与带阁楼的房子类似的美丽庄园，辽阔的俄国大地上无数的樱桃园和带阁楼的房子，在革命的狂风暴雨中又会有什么样的结局？一个多世纪后，历史已经给了我们答案，经验与教训并存。

无论我们倾向于谁的观点，毫无疑问，画家与莉季娅都向往崇高的生活，鹤立于庸碌的现实世界。正因为如此，妹妹叶妮娅为姐姐与画家的争吵而伤心，因为她深爱着的这两个人都灵魂高尚，却彼此敌视。作为一个务实的社会活动家，莉季娅鄙视画家的虚无颓废，担心幼稚的妹妹受其影响，果断地将他们的爱情扼杀于萌芽之中。故事的结局让人惆怅不已：画家离开了，叶妮娅不知所踪，画家偶尔会想起那所美丽的房子，想起窗户里柔和的绿色灯光，想起灯光一样温柔的叶妮娅，那时他就会轻轻呼唤起叶妮娅的小名——米修司，你在哪儿啊？令人联想起宋词中的名句：欲寄彩笺兼尺素，山长水阔知何处？

风景不同，世事变迁，政治复杂，爱情和人性却是永恒的，因之而起的惆怅也是共通的。这就是文学的魅力。

“我想在大地上画满窗子”

契诃夫的小说《嫁妆》[①]中，主人公们住在一所很小的平房里。契诃夫用了一个生动的比喻来描述这所小房子：活像一个老太婆，矮小，伛偻，头上戴着包发帽。房子有三个窗子，却经常关着，非常闷热。再看看房子内部：房间里弥漫着除虫粉和新羊皮鞋的气味；衣服上停着吃饱的苍蝇；墙上挂着某主教的油画像，镜框玻璃的一角已经破裂。总之，一切都破落乏味。实际上，这座房子周围树木葱茏，栖息着快乐的鸟雀。如果陶渊明这样的田园诗人住在这里，大概会写下我们熟悉的诗句：“孟夏草木长，绕屋树扶疏。众鸟欣有托，吾亦爱吾庐。”

然而，房子的主人却过着与房子一样闷气乏味的生活。母女俩把全部精力和希望都放在准备嫁妆上，但女儿迟迟未能出嫁，最终还先母亲而去，把母亲孤零零地留在了这个世界。那些粗陋的嫁衣曾装满五口大箱子、许多小箱子和小盒子，最终却成了尸衣。这是一个让人窒息的故事。

一般而言，让人窒息的房子总有一个代表威权的男性主人。而这篇小说中，丈夫的存在似乎只是作为一个背景，用处主要是提供不多的家用。还有一个和母女俩同住的小叔子，是一个潦倒的寄居者。叙

① 契诃夫. 契诃夫短篇小说选 [M]. 汝龙，译. 北京：人民文学出版社，1992.

述者“我”作为这位丈夫的朋友，去探望母女俩，记录下了她们的故事，也以自己的描述和感受丰富了这个故事。这三位男性都未构成压迫性的威权。对比一下，易卜生的名剧《玩偶之家》中，海尔茂对娜拉看似温柔体贴，实则只是将其当作精致的玩偶，并没有真正的尊重；一旦严峻的考验来临，他就露出了狰狞的真面目。曹禺《雷雨》中的周朴园因怀念侍萍，将房间尽量保持原样，窗户也总是按老习惯关着，闷气的老房子、跟老房子一样闷气的生活，让蘩漪压抑到了极点。试图逃出牢笼的女性，命运会如何呢？在演讲《娜拉走后怎样》中，关于娜拉的命运，鲁迅的猜想是“不是堕落，就是回来”。《雷雨》中，蘩漪不惜燃烧自己的生命去抗争，却烧不毁命运之网，只烧毁了自己。

社会或个体构成的威权，令人联想起鲁迅所说的“绝无窗户而万难破毁的”铁屋子。想呼吸新鲜空气的人们，总是向往着大地和天空。诗人顾城是一个任性的孩子，所以他“想在大地上画满窗子，让所有习惯黑暗的眼睛都习惯光明”。不断幻想，幻想又不断破灭，敏感的诗人没能用黑夜赋予的黑色眼睛寻找到自己的光明，却将自己和妻子都带入了永恒的黑暗。画家黄永玉则用自己的经历给了我们希望。据说“文革”时他的住所被查封，只留了一间小房子，小房子没有窗户，光线很暗，于是黄永玉在房间墙壁上画了一扇窗，周围还画了阳光和花草。他一生的创作，也正如这扇明媚的窗，带我们进入逍遥游的自由境界，瞥见铁屋子外的辽阔天地。

最大的悲剧，往往不是来自他人，而是源于自身。比如，《嫁妆》中的母女，用一层层衣物包裹住了自己，自铸牢笼。一百多年前的俄国，大部分女性还没有现代意识和独立精神，因此母女俩的命运尚可理解与同情；时至今日，如果还把如笼中的金丝雀般由人供养、衣食无忧、富贵终老作为人生的最高理想，则只能让人哀其不幸而怒其不争了。

善良的底色

加拿大历史学家卜正民擅长从一些细节处观察历史，具有惊人的洞察力。比如，他曾著有《维梅尔的帽子：从一幅画看全球化贸易的兴起》。在以《戴珍珠耳环的少女》为人们所熟知的荷兰画家维梅尔的另一幅画中，一名荷兰军官倾身向前，正对着一名面带笑容的女子。与一般的鉴赏家不同，卜正民注意到军官戴的时髦帽子是用海狸毛皮制成的，他从这个细节出发，追溯了迅速成长的全球贸易网络：当时的欧洲探险家用武器从土著美洲人那里换取海狸毛皮；贩卖海狸毛皮的收益则为水手寻找前往中国的新航线之旅提供了资金支持；在中国，欧洲人用秘鲁银矿出产的银子，购买了数以千计的瓷器，于是瓷器成了这段时期荷兰画作中的常客。维梅尔的另外一些画作中，就出现了中国的瓷碗，还有土耳其的地毯。卜正民由此意识到，正是全球化经济的发展，让美洲的海狸毛皮、土耳其的地毯和中国的瓷碗同时出现在荷兰代尔夫特这座小城的客厅里。

卜正民用这样的眼光审视中国的古画，也会带给我们不一样的视角与惊喜。比如，他看中国的古画《明人射猎图》，注意到这支狩猎队伍最前面的那位骑手，详细描述了他极其华贵的衣着，并注意到他在画面中的尺寸比其他人高大，也让他和他的马有点比例失调。对中国读者来说，这个提示马上使我们意识到这个人物的中心地位和高贵身份。卜正民在揭晓答案（明宣宗）之后，又向我们介绍了欧洲马背肖像的传统：让皇帝骑在马背上来显示其凌驾于众人之上的地位，是一种聪明的夸张方法。与中国不同，显示尊贵地位的重点不是尺寸，而是高度。马于是成了尊贵地位的某种象征。据说在 1663 年，荷兰画家伦勃朗在拿了丰厚的佣金之后，开始将商人而非国王画到了马背上。这让我联想起当代中国中产阶层的运动鄙视链："高贵"的马术处在鄙视链的顶端，而我们熟悉的游泳、跑步等运动，则位于这条鄙视链的末尾。

卜正民说如果现在给他一匹马，他不知道该做些什么，因为在猎猎疾风中翻身上马、弯弓射大雕的时代已经过去了。他幽默地说，他会给马一根胡萝卜，指望它别咬自己，而骑在马背上让人拍照，对他来说则不可能，因为那实在有点傻。

作为普罗大众中的一员，我还是更喜欢契诃夫在《苦恼》[①]中描述的人与马的关系。那个年老而不幸的车夫，刚刚失去了他的儿子，却找不到一个人可以倾诉。他和他那匹瘦弱的小马，在大雪里等待着客人，可整整一个下午都没有拉到一趟生意。车夫呆呆地看着他的小马："他那匹小马也是一身白，也是一动都不动。它那呆呆不动的姿态、它那瘦骨棱棱的身架、它那棍子般直挺挺的腿，使它活像那种花一个戈比就能买到的马形蜜糖饼干。它多半在想心思。不论是谁，只要被人从犁头上硬拉开，从熟悉的灰色景致里硬拉开，硬给丢到这儿来，丢到这个充满古怪的亮光、不停的喧嚣、熙攘的行人的漩涡当中来，那就不会不想心事……"

从这样的描述中，我们仿佛看到了专注凝视而又带着同情与哀伤的目光。这目光是老车夫的，更是契诃夫的。这位伟大的作家，哪怕

① 契诃夫. 契诃夫短篇小说选 [M]. 汝龙，译. 北京：人民文学出版社，1992.

只有这一篇短短的小说传世，也值得我们奉上最崇高的敬意。《苦恼》里有对所有卑微生命、对普通人的同情与爱，那样的善良，是一切优秀艺术的底色。马不再是秀富贵的道具，而是与我们一起劳作的伙伴，甚至是抚慰我们创伤的亲人和朋友。

在小说的结尾，老车夫没有钱买燕麦，只好喂他的小马吃些草料。瘦瘦的小马嚼着草料，车夫则絮絮叨叨地向它讲述着儿子的去世："我的小母马……库兹马·约内奇不在了……他下世了……他无缘无故死了……比方说，你现在有个小驹子，你就是这个小驹子的亲娘……忽然，比方说，这个小驹子下世了……你不是要伤心吗？"

儿童花园里的小象

俄国小说家库普林在文学史上被归入“批判现实主义”一派。他的个人经历十分丰富，当过搬运工、渔民、马戏演员、记者等，这些经历都融入了他的写作。有人说其作品可以用他本人的一篇小说名——“生活之河”概括。据此，我们可以想象出其小说的大概样貌。但是，伟大的作家与作品，远非一个流派、一段概述所能涵盖。书评家止庵谈及库普林的爱情小说《阿列霞》《石榴石手镯》，说“写得通体透明，真是美极了”。涉猎广而眼光挑剔、用词克制的止庵，能把“美极了”这样的形容献给库普林，实属不易。

细读库普林的小说，就会发现，无论他写什么题材，在纷繁现实与冷峻批判后深藏的，却是温柔的心灵与永恒的情感，如此细腻忧伤，纯洁温暖……尤其是当他把目光转向孩子时。小说《儿童花园》中有一个七岁的小姑娘，瘦小，贫血，跟父亲一起租住在地下室的一角，在潮湿闷人的空气中，就像一株得不到阳光的天竺葵，逐渐失去生机。医生开出的方子是良好的营养、新鲜的空气、树木的绿荫……而她的父亲只是一个负责抄写的小职员，为了女儿的幸福，他会毫不犹豫地砍下左手——右手还得用来抄写；但那些疗养所需的费用，他根本没有能力支付。

春天来的时候，女儿难得地提出了一个要求：到花园里去，看看绿油油的树叶，还有青草。市立公园很远，马车费很贵，父亲只能用星期天带女儿去晒晒太阳，看看绿荫。这一点点一闪而过的绿意和生机，对日渐消瘦的小生命来说，实在是微不足道。而就在他们所住的地下室的对面，有一大块公家的荒地，经常有居民养的猪群在尘土里翻滚，在污泥里洗澡。爱女心切的父亲突发异想：如果这里能开辟一个小小的街心花园，对孩子们来说，该有多好啊！

这个念头每天都盘旋在他的心头，差点让他进了精神病院。像堂吉诃德大战风车一样，他独自与庞大的官僚体系作战：向不同的机构不断递交申请书。这些机构则像卡夫卡笔下神秘莫测、牢不可摧的城堡，用冷漠而礼貌的方式，拒人于千里之外。但是，女儿病弱的样子，还有其他千百个孩子苍白的小脸，在他的脑海里日夜打转，驱使看不到希望的他继续奔走。最后，同事给他出了一个主意——求助于报纸的讽刺专栏。那些编辑对穷人的痛苦却抱有真挚的同情，痛快地出手相助。颇具讽刺意味的是，官僚体系不能解决的难题，媒体却总能解决。第二年春天，街心花园终于要动工了。但是小女孩已经等不及了，就在花园开工的那一天，枯萎的天竺葵在地下室难得的春阳照耀下重获生机，小女孩却永远地告别了这个世界。

父亲将如何孤零零地在这个没有了女儿的世界上生活下去？街心花园里孩子们的笑声，能驱散他心头的孤独和忧伤吗？在库普林的另一篇小说《象》里，作家为这对父女安排了另一种命运：同样是一个生病的、对一切都漠然的小姑娘，同样是一个愿意为女儿付出一切的父亲，但这位父亲能给女儿一个宽敞舒适的家，家里还有同样爱她的妈妈和许许多多的玩具。当小姑娘异想天开地提出想要一头活的小象时，爸爸竟然想尽办法，真的从马戏团请来了一头幼象。于是，在与小象共度了梦幻般的一天之后，小女孩的病奇迹般地痊愈了：第二天早晨，她像从前没有害病时一样，用洪亮而焦急的声音使全家都听见了她的叫喊：“牛——奶！”

这当然只能是童话和奇迹，而不像“批判现实主义”的小说。或许我们可以用童话般的笔调，在两者间搭一座桥：《儿童花园》里那位孤独无助的父亲，看到一个跟女儿年龄相仿的小女孩，在街心花园里活泼泼地跳跃欢笑，享受阳光与春风，享受上天无差别的恩赐，他的心也暖了起来。然后他拿出纸和笔，用他那原本只擅长抄写而非创造的手，为孩子们写下一个温暖的故事：“象用自己活动的和有力的手指般的吸盘小心地握着她纤细的手指头……”

第 二 辑

蜗牛或
玫瑰花瓣

“我别无选择”

卡夫卡的《绝食表演者》[①]，为我们描述了一个奇特的艺术家：身穿黑色紧身服，脸色苍白，形销骨立，时而礼貌地向观众点下头，时而强作笑颜回答些问题，还常常把胳膊伸出栅栏，让人摸摸他有多么瘦。随后又完全陷入沉思，不再理人，只偶尔从一个很小的玻璃杯里啜口水，润润嘴唇。

在没有手机的时代，人们无法随意点开各种视频，满足猎奇与窥探的心理。今天看来如此沉闷的表演，当时竟因其不同寻常而吸引了许多观众。有些人买了长期票每天来看他；夜里也有人参观；孩子们则神情紧张，目瞪口呆，为了壮胆，互相把手拉得紧紧的。怀疑却始终存在：人们总以为他在什么地方藏着吃的东西，他们如此不间歇地观看他，也有监视的意味。这对艺术家来说无疑是一种侮辱；但比侮辱更可怕的是漠视，是鲁迅所说的“无物之阵”。人们渐渐失去了对绝食表演的兴趣：一只嘶吼的猛兽的野性，显然比干草堆上一具死气沉沉的干瘦躯体更有吸引力。

被遗忘了的艺术家，仍将绝食表演视为生命，固执地拒绝进食。当马戏团的管事询问他为什么还要绝食时，他的回答出人意料：“因

① 卡夫卡. 卡夫卡文集：第 3 卷 [M]. 谢莹莹，张荣昌，等译. 上海：上海译文出版社，2002.

为我必须绝食，我别无选择。因为我找不到合我胃口的食物。如果我已经发现了，请相信我，那我早就会像你和所有人一样吃得饱饱的。”

我曾听过有人刻薄地评论：这位饥饿艺术家其实就是一位病态的厌食症患者，人们赋予这篇小说种种意义都是“扯”。这篇小说写于1922年，仅仅两年后，卡夫卡就离开了人世。在某种意义上，作家本人也正是这样一位艺术的殉道者，在世俗生活中找不到合适的“食物”，只能离群索居：“我将疯狂地致力于与一切人隔绝，与一切人为仇，不同任何人说话……”“我投入孤独的怀抱，犹如江河汇入大海。”这样的句子，在卡夫卡的日记中随处可见。卡夫卡的理想生活是做一个“地窖人”，一个人躲在黑暗的地窖里，面壁写作，等待杰作的诞生。

嗜欲深而天机浅的现代人难以理解的饥饿艺术家，也许可以在古老的中国找到知音：《诗经》里“知我者，谓我心忧；不知我者，谓我何求”的深沉慨叹；《庄子》寓言里鹓鸰“非梧桐不止，非练实不食，非醴泉不饮”的高洁天性；屈原“安能以皓皓之白，而蒙世俗之尘埃乎”，举身赴湘流的壮怀……

据卡夫卡生前好友勃罗德所著《卡夫卡传》[①]介绍，对这类人物，卡夫卡的女友密伦娜有过精辟的分析：“事情显然是，从表面现象看我们大家都有生活的能力，因为我们不知何时已在撒谎中找到了避难所，避到了目不见物、精神激昂之中，避到了乐观主义、具有某种信念的场所，避到了悲观主义或其他什么东西的地方。但他从来没有逃到某种避难所之中。他绝对没有撒谎的能力，就如他没有灌醉自己的能力一样。他没有一丝一毫庇护，没有栖身之处。他就像一个赤

① 勃罗德. 卡夫卡传 [M]. 叶廷芳，黎奇，译. 石家庄：河北教育出版社，1997.

裸裸的人处于穿着衣服的人们之间。”竟然与三闾大夫“举世皆浊我独清，众人皆醉我独醒”的独白惊人地相似。密伦娜得出的结论是：“这是一个由于其可怕的洞察力、纯洁性和无妥协之能力而被迫采取苦行主义的人。”

如果没有合适的食物，我们大部分人都会选择妥协。此乃求生的本能使然，本无可厚非，但至少我们应懂得向屈原、卡夫卡这类饥饿艺术家致敬。他们穿越黑暗的时代与漫漫长路，上下求索，记录下不幸与绝望，燃烧自己的心，照亮无穷的远方、无数的人们。

蜗牛或玫瑰花瓣

雪白的墙上有一个暗黑的斑点，你会怎么办？

大约一百年前的冬天，英国的一个温暖舒适的房间，壁炉里黄色的火光照在书页上，壁炉上的圆形玻璃缸里插着三朵菊花。一个女人喝完了下午茶，沉浸在悠闲宁静的心境里，视线无意中沿着壁炉上移，看到雪白的墙壁上有一个暗黑色的圆形的小小印迹。

这个女人并未像一般主妇般急于擦拭掉这个斑点。她手上的烟刚点燃，在缭绕升腾的烟雾里，她开始浮想联翩——著名的意识流小说《墙上的斑点》就此诞生。英国作家伍尔夫这篇为人熟知的小说，大概就源于她的浮生半日之冥想。如今试图通过冥想暂得超脱的人们，或许可以读读《墙上的斑点》①，看看冥想可以达到的丰饶世界。

墙上的斑点，到底是一枚钉子，还是夏天残留下来的一片玫瑰花瓣，抑或是木块上的一个裂纹？作者的联想富有历史感和诗意，也不乏对现实的嘲讽和反思，意识如河流潺潺流淌，文字则如苏轼称赞一位画家所言："随物赋形，尽水之变，号称神逸。"让我们跟随一条支流，感受片刻"神逸"：由木块上的裂纹，伍尔夫想起了木头的生成，想起了树如何在草地上、森林里、小河边自在地生长，长了许

① 李乃坤. 伍尔夫作品精粹 [M]. 石家庄：河北教育出版社，1990.

多年，一点没有注意到我们。这里也许暗含着对人类以自我为中心的嘲讽？波兰女诗人辛波斯卡在《植物的沉默》①中，取了同样独特谦卑的视角："我知道叶子、花瓣、核仁、球果和茎干为何物，／也知道你们在四月和十二月会发生什么事。／虽然我的好奇未获回报，／我仍乐于为你们其中一些弯腰屈身，／为另外一些伸长脖子。"这样的好奇不可能获得植物直接的回应，却自有回报，我们看到了伍尔夫有如神助的文字："树木把小河点染得这样翠绿一片，以至于使我们觉得当一只雌的红松鸡一头扎进水里去的时候，它应该带着绿色的羽毛冒出水面来。"还有什么样的文字，能帮助我们更好地理解"青翠欲滴"？

她还想象小昆虫在树皮的折皱上吃力地爬过去，或者在树叶搭成的薄薄的绿色天篷上面晒太阳，它们红宝石般的眼睛直盯着前方，这时候它们的脚会感觉到多么寒冷啊……也让人想起日本诗人小林一茶的俳句："不要打哪，苍蝇搓他的手，搓他的脚呢。"神奇美丽的自然，敏感善良的心灵，精准生动的表达，最后融汇成这样的文字，而当我们用心阅读和感受时，这些美也融入了我们的灵魂。当一棵树的生命在自然界结束后，伍尔夫想象它还有一百万条坚毅而清醒的生命分散在世界上："有的在卧室里，有的在船上，有的在人行道上，还有的变成了房间的护壁板，男人和女人们在喝过茶以后就坐在这间屋里抽烟。这棵树勾起了许许多多平静的、幸福的联想。"就这样，作家从遥远的一棵树又回到了眼前的房间、"我"的冥想。

墙上的那个斑点到底是什么？

小说结尾揭晓的谜底也许会让人失望：竟然是一只蜗牛！其实，

① 辛波斯卡. 万物静默如谜 [M]. 陈黎，张芬龄，译. 长沙：湖南文艺出版社，2012.

那个斑点是什么完全不重要，重要的是，人的灵魂可以跳出眼前这个小小的居室，翱翔于如此辽阔的世界。对有些人来说，这只蜗牛只是障目的一叶；对另一些人来说，这只蜗牛则是无穷想象的起点。小说启迪我们，在关注家具的名贵、居室的整洁舒适以外，也许还可以寻求另一种更高层次的愉悦：学习伍尔夫这样的想象力和表达力；或者至少可以借着她的文字，感受片刻“神逸”。

将“品质”坚持到底

1932 年，英国作家高尔斯华绥“因其描述的卓越艺术——这种艺术在《福尔赛世家》中达到高峰”而荣膺诺贝尔文学奖。《福尔赛世家》三部曲描绘了 19 世纪末至 20 世纪初英国中上层资产阶级的家庭生活和精神面貌，以家族史反映出时代的变迁。虚构的小说往往富有真实性，如今我们也不难找到这类“福尔赛人”，他们知道什么是好东西，什么靠得住，他们共同的特点就是紧紧抓住东西不放手——不管是妻子、房子、钱，还是名誉。

高尔斯华绥另有一些以普通人为素材的中短篇小说，也很值得一读，比如写一位靴匠的悲剧人生的《品质》[①]。

讲究生活品质的人，大概都会重视鞋子的质量。不过如果要达到《品质》中描述的程度，恐怕很难。因为那些靴子太美了：“有一双轻跳舞靴，细长到非言语所能形容的地步；那双带布口的漆皮靴，叫人看了舍不得离开；还有那双褐色长筒马靴，闪着怪异的黑而亮的光辉，虽然是簇新的，看来好像已经穿过一百年了。”叙述者感叹说：“只有亲眼看过靴子灵魂的人才能做出那样的靴子。”

这里有一个颇有意思的问题：靴子有灵魂吗？如果有，又该是什

① 信德，仲南. 诺贝尔文学奖金获奖作家作品选：上 [M]. 杭州：浙江人民出版社，1981.

么样的？看似荒诞不经的问题，如果把主语换成名贵的瓷器、玉器，或精神产品如诗歌、画作，就不难理解。痴迷于自己的工作对象，投注情人般的爱与热情，且几十年如一日，久久为功，正是我们今天所提倡的“工匠精神”。在靴匠格斯拉的世界里，皮革是如此芳香而美丽，它们将在他的手里获得生命，翩翩起舞。小说中有一个细节，为我们描述了“情人眼里出西施”的场景。靴匠细瘦多筋的手里拿着一张黄褐色皮革，他的眼睛盯着皮革，对等候的客人说：“多么美的一张皮啊！”要等到客人也赞美一番以后，他才继续谈生意。

如果没有这样的迷恋，大概很难有常人眼里艰难的“坚持”。汪曾祺的小说《日规》描写了国立西南联合大学的一位青年学者蔡德惠。植物分类学在许多人看来是一门很枯燥的学问，单是背那么多拉丁文的学名，就是一件叫人头疼的事。有人问蔡德惠：“你干吗搞这么一门干巴巴的学问？”蔡德惠说：“干巴巴的？——不，这是一门很美的科学！”大部分学生都还在高卧时，他已经坐在窗前低头看书，做卡片。对他来说，小卡片上那些植物的名称和分类，牵连出的想必是一个“湿润润”和“美滋滋”的大世界，丰美而饶有生机。

高尔斯华绥描述靴匠的外貌，也与职业特征、精神气质高度契合：

> 脸庞黄皱皱的，头发和胡子是微红和鬈曲的，双颊和嘴角间斜挂着一些整齐的皱纹，话音很单调，喉音很重；因为皮革是一种死板板的物品，本来就有点僵硬和迟钝。这正是他的面孔的特征，只有他的蓝灰眼睛含蓄着朴实严肃的风度，好像在迷恋着理想。

读这段文字，总会想起汨罗江畔那位颜色憔悴、形容枯槁的三闾大夫。对所有细节精益求精，却从不登广告的靴匠最后竟饿死了，这位卑微的手艺人如有机会听到古老东方伟大诗人的心声，大概也会引为知己吧：“民生各有所乐兮，余独好修以为常。虽体解吾犹未变兮，岂余心之可惩？”

擅长描写“福尔赛人”，家庭背景也是“福尔赛世家”式的作家，本人却是格斯拉式的“靴匠”。高尔斯华绥生在现代主义文学鼎盛的时代，据说好友康拉德等曾劝说他学点时髦，但他不变初衷，坚守传统的现实主义道路，想来也是要将自己认同的“品质”坚持到底。

“带些黯淡大家风”

毛姆的小说《刀锋》① 以哲学家维特根斯坦为原型，塑造了拉里这一特立独行的人物：战友的猝然离世，促使他挣脱普通人成家立业的人生套路，漫游，读书，思考，求索人生意义。今天我们阅读这部小说，还可借此来一次穿越时空的旅行。《刀锋》中的几个主要人物，都曾在巴黎居住，如想要了解20世纪上半叶的那个时尚之都，小说为我们提供了许多精细的描述。

拉里曾经的未婚妻伊莎贝儿初到巴黎时，是个风华正茂的少女，充满了青春美，但巴黎的一位贵妇却说她不“帅”。这个“帅”据说是一种微妙的、模仿不了的东西。

多年过去了，伊莎贝儿重回巴黎，已是两个孩子的母亲，却变得如同一件精致的艺术品一般迷人：

> 她穿了一身黑；我一眼看出她的绸衣服既不太朴素，也不太华丽，是在巴黎一家最讲究的服装店定制的，而她穿在身上却是那样满不在乎，那样若无其事，犹如她天生就是应当穿考究衣服的。十年前，尽管有艾略特替她出主意，她的衣

① 毛姆. 刀锋 [M]. 周煦良，译. 上海：上海译文出版社，2014.

服总有点不够文静，而且穿在身上老是不十分自如。现在玛丽·路易丝·德·弗洛里蒙可不能再说她不帅了……很可能她这种绰约风姿和娴雅举止，着实花了一番苦心，但是看上去却非常自然。

这里我们可以读出关键的一点，即对容貌苦心经营，外表却“满不在乎”，“漫不经心”。如果刻意展示自己的高贵与美貌，就失去了潇洒自如的从容气度——帅，从而使“美”大打折扣。

陀思妥耶夫斯基的小说《罪与罚》中有一个颇为可笑的人物卢任，第一次作为未婚夫出场时，他从头到脚都精心打扮了一番。作家微妙地讽刺道：“也许只有一样不好，所有衣服都太新了。”卢任颇为尊敬地把那顶崭新的呢帽拿在手里，那副名贵的手套也并没有真正戴着，只是拿在手里摆摆派头。这种战战兢兢离潇洒帅气就太远了。“太新”和过分在意，又暗示出一种暴发户气息：真正的贵族哪会如此？高雅对应着悠久的历史、良好的教养，排斥甚至鄙视全新和张扬。《红楼梦》中林黛玉初到贾府，就以她那双敏慧的眼睛注意到家居陈设的几处“半旧”。在另一处关于宝钗衣着的描写中，我们也可读到类似细节：“一色半新不旧，看去不觉奢华。”名门望族往往低调内敛，“带些黯淡大家风”；炫耀富贵，反露“乞儿相”。这或许可以给追逐“高贵”的时尚人士一些启示：出席重要场合，一定不要全新。越是贵重的东西，穿戴时越是要显得不在意（据说英国贵族派头就是“take it easy”，意即“放松”）。

伊莎贝儿的外表已经无可挑剔，但深入交流就会发现，其浅薄粗俗的内核并未改变，她坦然承认自己如果没有沿街商店橱窗里的皮大衣、钻石手镯可看，就不觉得真正快乐。物质欲本无可厚非，但这也提醒我们：外表再美，终究只是皮囊，并不必然对应着精神之美。真正的高贵，只能来自内心。特立独行的拉里，无论身着什么，都有一种旁人所无的超然和宁静。他念念不忘的美，不是来自伊莎贝儿，而是来自容貌平常的索菲："对我来说，她现在仍旧如在目前；一个瘦瘦的小女孩子，头发打了个蝴蝶结，脸色庄重，读起济慈的颂歌来，声音有点抖，含着眼泪，因为诗太美了。"

烤羊肉配土豆

以小说《1984》《动物农庄》享誉世界的作家奥威尔，在评论前辈作家狄更斯时，提到其丰饶创造力的一个突出表现：不必要的细节。他举大家熟知的《匹克威克外传》为例。在鲍伯·索亚家的晚会上，杰克·霍普金斯先生讲了一个小男孩吞食姐姐项链的滑稽故事，叙述中插入了一个似乎毫无用处的细节：这家人的晚饭是烤羊肉配土豆。奥威尔本人并不反感这样的细节，至于其他读者，他认为“你可以喜欢，也可以不喜欢”。

小说应当是什么样的？这是理论家都难以回答的问题。对我这样的普通读者来说，小说即生活。真正的生活，正如狄更斯笔下的故事，它不会因为理论家或读者的喜好，跳过那些看似无关紧要的细节。那些细节，较之于紧凑曲折的故事，更像生活本身，平淡绵长。滑稽故事只是个插曲，烤羊肉配土豆则将继续长久地陪伴这家人，陪伴一百多年后的人们。

况且，这些细节自有其不可忽视的意义。比如，暗示出这家人的经济状况和生活品位；比如，体现出讲述者杰克·霍普金斯（甚至可能是作者本人）对美食的偏好、对生活的热情。他难以抑制自己的这种热情，因此将目光久久停留在这份晚餐上，忍不住将它描述出来，即使是面对一群急于听故事的读者。从某种角度来看，这种热情比一个简洁的故事更重要，因为这种对日常生活的热爱、将它描述出来的渴望，正是小说创作最可贵的原动力。

小说如此，散文亦如此。汪曾祺在《葡萄月令》中这样写道："葡萄的卷须有一点淡淡的甜味。这东西如果腌成咸菜，大概不难吃。"在写葡萄花时，作家又写到了苹果花像雪，而梨花的瓣子是月亮做的。关于咸菜的想象，关于苹果花、梨花的比喻，都是闲笔。笼统地归之于"形散神不散"，有些简单化了。我的理解是，对汪曾祺这样对生活充满好奇、热爱美的人来说，他的写作有一个高于具体中心的宗旨。我们可以想象，在那个物资匮乏的年代，他饶有兴致地品尝葡萄的卷须，并想象将其腌成佐饭的小菜。而关于果园中美如梦幻的苹果花、梨花，我们同样可以想象他专注而流连的目光。那种美深入他的心灵，酝酿成文。一切事物中所包含的美与趣味，对他来说，是高于某个具体主旨的更高主旨。如果在鉴赏作品时，总是强调"一个中心"，非但会局限住自己，也往往导致对作家作品的误读。

苏轼曾这样描述自己的文字："吾文如万斛泉源，不择地而出，在平地滔滔汩汩，虽一日千里无难。及其与山石曲折，随物赋形而不可知也。"写作当如流水潺潺，开阔处一日千里，狭窄处随石曲折，遇到一丛美丽的水草，则低回萦绕，依依不舍。让我们也放慢节奏，放弃那个预设的"中心"，尝一尝烤羊肉配土豆，品一品葡萄的卷须，看一看如雪的苹果花与月亮做成的梨花瓣。

复杂精致的小说世界

卡尔维诺的小说《分成两半的子爵》[①]虚构了一个历史故事：中世纪战场上，梅达尔多子爵跃马横刀，却被土耳其大炮轰成两半。一个完整的人就此一分为二，一半成为恶人，另一半则成为圣徒，演绎出一个荒诞而有趣的故事。

如果将这部小说拍成电影，导演将赋予两个半身人什么样的视觉形象？以如今的技术手段，应当不难。小说则以这样的文字描述“恶”的半身人的出场：“一件带帽子的黑斗篷从他的头顶一直垂及地面，右半边被掀到身后，露出半个脸和拄着拐杖的半边细窄的身子，左边好像完全被掩藏起来，裹进那件宽大衣服的衣襟和褶皱里。”

“善”的半身人出场时，似乎与另一半并无区别，但故事的叙述者子爵的外甥却细心地发现：“他的黑色斗篷有些破旧了，干树叶和栗子壳挂在衣边上，里面的衣服也不是常穿着的那件黑丝绒的，而是粗毛呢做的，已经褪色；脚上穿的也不是高筒皮靴，而是蓝白条纹的羊毛袜子。”细节上的差异，如干树叶、栗子壳、褪色的粗毛呢、羊毛袜等，不同于丝绒与皮靴的高贵，暗示出这个半身人与土地、劳作

① 卡尔维诺. 分成两半的子爵 [M]. 吴正仪，译. 南京：译林出版社，2012.

的联系。

值得注意的是，富有天马行空般想象力的卡尔维诺，如卡夫卡般擅长以冷静的细节来支撑荒诞的虚构。想象力必须落实为令人信服的细节：卡夫卡的《变形记》中，人变为甲虫，密密编织的细节，其真实感令人不寒而栗。卡尔维诺的另一部小说《不存在的骑士》中，作家以繁复精美的衣饰与同样繁复精美的文字，赋予这位不存在的骑士如此真实的存在感："那白盔甲上只镶了一条极细的黑色滚边，其余部分皆为纯白色，穿得很爱惜，没有一道划痕，缝合得极为密实，头盔上插着一根大概是一种东方雄鸡的羽毛，闪耀出彩虹般的五颜六色。在盾牌上绘有一袭宽大多褶的披风，两幅前襟之中夹着一枚徽章，徽章里面还有一个更小的带披风的徽章。图案越变越小，形成一个套一个的一系列披风，中心里应有什么东西，但无法认清，图案变得很微小。"

而当国王要求这位如此特别的骑士露出真容时，他犹豫片刻，然后用一只手沉着而缓慢地揭开头盔——头盔里面空空洞洞，饰有彩虹般羽毛的白色盔甲里面没有任何人。其实，这位不存在的骑士只是某种抽象意志的化身。我们也只能感叹，文字缝合得极为密实，最终达到这样的效果：以实表现虚，以有表现无，虚实相生。西方的现代小说，竟表现出了东方书法般的美感："疏处可使走马，密处不使透风，常计白以当黑，奇趣乃出。"

据说卡尔维诺于 1985 年夏准备赴哈佛讲学时患病，主刀医生表示自己未曾见过任何大脑构造像卡尔维诺的大脑这般复杂精致。这则逸事暗示出作家过人的天赋。不过看看卡尔维诺自己的说法，应当更能给我们以现实的启示：故事是一种娱乐，但享受这种娱乐的人是读者，作者则应当在叙事时保持距离，调节好冷热情绪，自我控制和自发冲动交替，其实写作是最使人疲劳和神经紧张的工作方式。

卡尔维诺用文字创造出一个如同他的大脑结构般复杂精致的世界，多年后还在给予我们阅读和想象的愉悦。而他自己除了疲劳和紧张外，必然也能收获这样的回报，如波兰女诗人辛波斯卡在《写作的喜悦》[①] 中所言：“一瞬间可以随我所愿尽情延续，／如果我愿意，可以切分成许多微小的永恒，／布满暂停飞行的子弹。／除非我发号施令，这里永不会有事情发生。／没有叶子会违背我的意愿飘落，／没有草叶敢在蹄的句点下自行弯身。”

① 辛波斯卡. 万物静默如谜 [M]. 陈黎，张芬龄，译. 长沙：湖南文艺出版社，2012.

欲望之城

今天许多人都在倡导一种断舍离的人生态度、一种极简主义的生活方式。也有心理学家把定期扔东西作为情绪管理的方法之一，暗示环境的及时清理也对应着情绪的健康平和。

此处应当考虑一下清理的目的和拥有的总量。如果除旧只是为了腾出更多的空间来迎新，甚至要容纳更多更炫目的新，日日新，又日新，日新月异，极简只会走向极繁，走向消费主义和享乐主义的泥潭，人最终将陷落于自己的欲望。

极具想象力的意大利作家卡尔维诺，在1972年出版的《隐形的城市》①（另有译名《看不见的城市》）中，为我们虚构了一个名为“里奥妮亚”的小城。这个小城每天替自己换新装：“居民每天在新被单和新床单之间醒来，用刚解开包装纸的肥皂洗脸，穿崭新的衣服，从最新型的冰箱里拿出未开的罐头，听最现代化广播台最新的音乐。”只需把广播台换成网络，以上文字，即可为我们描述出21世纪新新人类的理想生活图景。

作家接下来的描述，则提醒我们，如果缺乏真正的简约朴素的生活态度，断舍离的行为，只会增加“垃圾围城”的危险：“弃置路边

① 卡尔维诺. 隐形的城市 [M]. 陈实，译. 广州：花城出版社，1991.

的是昨日的里奥妮亚，裹在洁净的塑料袋子里等待垃圾车。除了一筒筒挤过的牙膏、坏电灯泡、报纸、瓶罐、包装纸之外，还有锅炉、百科词典、钢琴、瓷器餐具。要估量里奥妮亚有多么富饶，单单看它每日的生产、销售和购买量是不够的，还要同时看它每天为了腾出空间安置新制品而丢弃多少东西。”今天的我们，还有一个更简单的估量方式：看看每天被人们丢弃的快递包装。里奥妮亚的人们在丢弃东西的行为里体验快感，甚至将之上升为仪式感：人们欢迎清道夫就像欢迎天使一样，他们在充满敬意的静默中搬走昨日的遗迹，这似乎是足以激发宗教虔诚的一种仪式。

在卡尔维诺虚构的里奥妮亚城中，人们对待垃圾的方法还是初级的，即堆积和填埋法，卡尔维诺担心人们最终会淹没在自己创造出的废墟中。这大概正是人类社会“物化”和“异化”的最佳隐喻：人被自己所创造的垃圾掩埋。今天人们已经有了更科学的垃圾分类与处理方法，甚至可以变废为宝，实现高效的循环再利用。但其中也许隐藏着一种危险：既然可以这样解决垃圾问题，我们就更可以肆无忌惮地消费甚至浪费，无节制地满足人性的种种欲望和渴求。

在一次又一次通过举办购物节刺激消费的今天，在物流便捷、人们动动手指即可在家收货的今天，在人们沉迷于大数据分析的今天，思考一下人类文明进步根本的衡量标准是什么，人类究竟该往哪里去，应当不是痴人说梦与杞人忧天。重温老子两千多年前的警示，审视和节制自身的欲望，也许正当其时：“五色令人目盲，五音令人耳聋，五味令人口爽，驰骋畋猎令人心发狂，难得之货令人行妨。”

行囊里的天穹

法国作家玛格丽特·尤瑟纳尔的《东方故事集》① 是一本很有意思的短篇小说集。这法兰西学院有史以来的第一位女院士对东方文化情有独钟，以此为素材编织自己的故事，从中我们既能感受到东方文化的迷人神韵，又惊叹于作家自身的想象力与创造力。

比如这本故事集的第一篇《王福脱险记》。小说开头，王福与他的弟子林沿着汉王国的大路漫游。他们走得很慢，因为老画家晚上要停下来瞻仰星星，白天则观察蜻蜓。他们的行李很少，因为在王福眼里，世界上除了画笔、宣纸之外，别无值得占有之物。弟子林的行囊里装满了王福的画稿，他弯腰曲背，毕恭毕敬，仿佛肩负着天穹，肩负着白雪皑皑的大山、春水浩荡的河流和夏夜月亮的玉盘。

有不少读者指出这个故事与中国民间传说《神笔马良》的相似相通，但神笔马良的故事之所以广为流传，是因为画笔的神力满足了人们对美好生活的向往，马良对强权的反抗则宣泄了人们对暴政的痛恨。《王福脱险记》却还可以为读者上一堂出色的审美课：学习观物。种种观物的细节从故事情节中逸出，让人联想起美学家朱光潜的比喻："第一流小说中的故事大半只像枯树搭成的花架，用处只在撑持

① 尤瑟纳尔. 东方故事集 [M]. 郑克鲁，译：上海：上海三联书店，2007.

住一园锦绣灿烂生气蓬勃的葛藤花卉。”朱光潜还曾用人们对一棵古松的观感来区分三种人生态度——实用的、科学的、美感的：木商盘算它宜于架屋或是制器；植物学家把它归到某类某科；画家则聚精会神地观赏它苍翠的颜色，盘屈如龙蛇的线纹以及昂然高举、不受屈挠的气概。朱光潜认为美是事物最有价值的一面，美感的经验是人生中最有价值的一面。这大概就是对王福的价值观的最好诠释。

弟子林原本是一个富贵人家的少爷，从小备受呵护，因此对世界心存恐惧，他害怕的既有微小的生命如昆虫，也有暴烈的自然现象如打雷，还有蕴含着死亡秘密的死人面孔。有一晚林在小酒店偶遇王福，王福教他看喝酒人被酒气氤氲弄得朦朦胧胧的脸所蕴含的美，看肉块被火舌一下接一下舔到后显现的褐色光泽，看像凋谢的花瓣散布在桌布上的酒渍幻成的美妙的玫瑰红，还有闪电铅色的斑马纹——林不再害怕暴雨了。他也借王福的眼睛重新认识了自己的家：墙壁不像他以前所认为的那样是红色的，而是快要腐烂的橘子那样的颜色；一株形状精致的灌木如同一个在晾干头发的年轻女人；一只蚂蚁沿着墙壁的裂缝犹豫不决地爬行——林对小虫子的恐惧也烟消云散了。林从此获得了全新的灵魂和感觉，拥有了全新的世界。最终他离开了家，离开了熟悉的城市，跟随王福四处漂泊。

画家之外，我们还可以向诗人学习“观看的技艺”。《观看的技艺：里尔克论塞尚书信选》一书中有这样的记述：

> 昨夜我被月光惊醒，在一排排书上面的一个角落里，并非朗照，只是一光点，覆了墙上的一处，如碎银片。

让人联想起李白的“床前明月光，疑是地上霜”。与李白沉浸于乡愁不同，令里尔克沉迷的是天地之大美：

清晨明亮。东风作前线，发现这城是这样广阔，便浩浩荡荡地侵了进来。天上，水润的云被风吹着，逐着，成云朵的群岛，群岛麇集，灰色的，如一种水鸟的胸羽或颈羽，是冰冷海洋里的、极其细微而几不可见的一点蓝，让人狂喜。

当我们拥有如王福和里尔克般“观看的技艺”时，在某种意义上，我们便拥有了马良的神笔，随时可画出一方天穹，让自己徜徉于《王福脱险记》结尾处蓝玉般的海上。

电阻丝里的太阳

以色列作家阿摩司·奥兹有一位与众不同的母亲，他用自传体长篇小说《爱与黑暗的故事》[①]，为母亲画下一幅美丽而悲伤的肖像。

与善于分析、喜欢说话的父亲不同，母亲擅长安静地倾听与观察。她对衣服感兴趣，只因为那是透视穿衣人内在世界的一个小孔。她也常常用探寻的目光打量朋友的家具和各种小摆设，仿佛借此可以走进朋友的内心。她告诉奥兹，了解各种物体的名称还不够，还应该用鼻子闻，用手指尖触摸与感觉其温热度、滑爽度、精细度和硬度，倾听敲击时发出的声响。任何一块布料或一件家具、器皿都具有迥然不同的感应和耐性，它们并非恒定不变，而是按照一年四季或昼夜时间、触摸或闻嗅它们的人、光与阴影，甚至我们无法了解的模糊习性的变化而变化。无生命物体和植物也有其内在欲求，应当懂得用一种不贪的方式去感知，倾听，品尝，闻嗅。

这样的万物有灵说，遭遇了学究气浓厚的父亲轻微的嘲讽，他开玩笑似的评论说，她比所罗门王还要有远见，据说所罗门王能听懂任何动物、任何飞鸟的语言，而她掌握了毛巾、汤锅和刷子的语言。

的确，母亲为奥兹打开的并非定义清晰、界限分明的理性世界，

① 奥兹. 爱与黑暗的故事 [M]. 钟志清，译. 南京：译林出版社，2007.

而是一个流光溢彩的幻想世界，是诗人的世界而非学者的世界，属于美而非真的领域，属于那些更开放和敏感的心灵。奥兹日后成长为出色的作家，当与母亲这样的启蒙教导分不开。他的感官和心灵都向世界敞开，并将其转成与世界一样美丽丰饶的文字。比如，在寒冷寂寞中，他用一个小小的电炉取暖，与之做伴：

它逐渐发亮，开始你什么也看不到，只听见劈劈啪啪的声音，就像走在砂糖上，随后淡紫色的微光在电阻丝两端出现，随后淡红色的微光开始向中心散发，像羞答答面颊上的红晕，随后变成深红，随后迅速不顾任何体面地撒野，从赤裸裸的明黄到放纵的酸橙绿，直至线圈中央发亮，不可阻挡地炽烈燃烧，通红滚烫的火光如同透过反光镜的亮晶晶金属盘看到的野蛮太阳，让你不得不觑起眼睛。

安静中，他学会了倾听世界的秘密：

在院子里和大街上，黑沉沉一片岑寂，无边无垠，你可听得见流云在屋顶间低飞，轻抚着柏树梢头。可听得见浴室里水龙头的滴水声，沙沙声，要么就是抓挠声，声音轻得几乎听不到，只能凭脖颈后的毛发梢感觉。

奥兹的父母有一个文化教养很高的朋友圈，其中不乏知名作家。母亲辞世多年后，奥兹偶然碰到了其中几位，他们说他的母亲是位非常迷人的女子，一个真正受到启迪的读者，每位作家孤独地在书房里艰苦劳作时，都梦想着拥有这样的读者。显然，一个敏感而丰盈的灵魂，由此产生的高品质的倾听与对话，对作家而言，远胜于评论家那些貌似完备而深刻的理论。奥兹在潜意识里，大概也一直在为母亲这位最优秀的读者努力写作。

这样一位母亲，却未能逃离黑暗。犹太民族颠沛流离的历史，个人生活与梦想的距离，都让抑郁深入她过于敏感的心灵，并最终吞噬了她年轻的生命。但爱依然在延续，她留给孩子的最宝贵的礼物，是从电阻丝里看见太阳的能力。多年后，奥兹在小说的结尾化身为一只小鸟，一遍遍地呼唤早已离去的母亲："鸟儿爱莉斯惊异地呼唤她，一遍又一遍地呼唤她，无济于事，然而它一遍又一遍地尝试，现在依然时时在尝试。"

女诗人的追问

乔伊斯·卡罗尔·欧茨是美国当代著名小说家，也是多届诺贝尔文学奖热门人选。她的短篇小说集《狂野之夜》[1]曾被译介过来，被认为是“以犀利与悲悯之笔演绎大师亦真亦幻的人生收官时刻”。她笔下的这些大师，包括爱伦·坡、马克·吐温、亨利·詹姆斯和海明威，还有一位即诗歌《狂野之夜》的作者，19世纪的美国女诗人狄金森。

《狂野之夜》这个标题，看似更适合与狄金森齐名、诗风粗犷奔放的惠特曼。狄金森一生离群索居，诗风细腻沉静，似乎与《狂野之夜》的标题恰成对照。其实她绝非只有大家印象中专属女诗人的轻盈优美，而是常有冷峻深沉之思。摒绝社交的她，对社会与人性有惊人的洞察力，比如人们常常引用的“许多疯狂是非凡的见识”，即出于她的笔下。在浓厚的教会氛围里，她始终坚持自己对宗教的信与疑，终其一生未加入基督教会。她传世的照片很少，人们熟悉的那张肖像照中，她眉目清秀，神情端肃，凝望相框外的你我，以诗歌为自己赢得了永恒。

欧茨在后记中介绍自己参考了狄金森的诗歌与书信，并以《阿默

① 欧茨. 狂野之夜 [M]. 樊维娜，译. 北京：人民文学出版社，2011.

斯特的狄金森一家》摄影集为视觉形象的依据，创作了带有科幻色彩的小说《狄金森仿真人》。在不远的将来，一位有钱有闲的中产阶层主妇为缓解孤独与无聊，购买了一个高科技产品：狄金森仿真人。让我们跟随小说家的文字，看看这位主妇依据旧照片为诗人布置的房间：一张 19 世纪 50 年代生产的窄小的桃花心木小床，一床用钩针编织的象牙色被子，一只鹅毛填充的枕头，一张雅致的淡棕色槭木四屉衣柜，一张小写字桌，两把铺着编织垫的直背椅子，薄如蝉翼的白色窗帘，图案精美的米黄色墙纸，19 世纪 60 年代生产的乳白色玻璃煤油灯。这位主妇还极为用心地搜寻到了 19 世纪的一些无名绅士的严肃阴郁、若有所思的画像，营造出古旧而令人敬畏的氛围。诗人刚出场时，小说家为她选择的是一件暗色的棉布长袖裙，一直垂到脚踝，一块蕾丝手帕在手中来回绞着。颀长的脖子上绕着一根天鹅绒丝带，丝带用一个宝石别针固定在锁骨下方，增加了古典端庄的美。

按照诗人肖像仿制的、比真人还要娇小的仿真人，在女主人精心为她营造的旧日氛围里，似乎渐渐适应，与女主人也相处融洽。她收拾房间，烘烤面包（狄金森擅长烘焙，父亲只爱吃她做的面包，她的面包还曾在农展会上得过奖），刺绣编织，有时也偷偷在小纸片上匆匆写下几个字，一如她在 19 世纪阿默斯特那所大宅子中的日常所为。但故事的发展却出人意料，诗人为了自由，请求女主人按下电钮，结束她的“生命”。最终女主人离家出走，丈夫陷入狂乱与愤怒。所有人都在孤独的困境中探寻自己的存在而不得，小说以“如此孤独”开头，又以“如此孤独”收尾，拥有高超与娴熟写作技巧的小说家，不惮以如此明显的重复与呼应，来凸显“孤独”的主题。

古典宁静的田园生活或高度科技化、商业化的魔幻生活里，人始终要面对的，却还是那些终极性的哲学命题。小说中，以垂地长裙密密包裹自己的女诗人，内在却紧张不安，情感炽烈，浑身像蜂鸟一样微微颤抖，且有着剃须刀般的锋利和敏锐，长于讽刺和追问：

为什么——我存在——

在何处——我存在——

在何时——我存在——

那么——你呢？——

美丽的雅罗鱼

大江健三郎的散文《成群结队的雅罗鱼》，回忆了作家童年时代的一次历险。他家附近的河流中有一个深渊，深渊中的一块岩石，据说有一条裂缝，如把头伸进那道裂缝里，就能看见美丽的仙境：阳光照射到澄澈的水中，几十条银灰色的雅罗鱼，缓缓游动……

一个晨露把树林装点得碧绿青翠的清晨，大江决定一个人潜下水去探险。他如愿看见了那群雅罗鱼，它们的小黑点似的眼睛一齐朝他看过来，他觉得自己如在梦中。就在这时，他的头卡进了那道裂缝里，他意识到自己可能要淹死了。奇怪的是，他觉得只要自己坚持不动，就会变成一条雅罗鱼，用鳃呼吸，身体也会变成银灰色；恍惚间，他成了鱼群中的一员，看见一个小男孩卡在岩石缝里……

当然，大江被救出了险境，否则我们就读不到这些精彩的文字了。使我深感兴趣的是，这可以看作一个颇具象征意义的事件，大抵如尼采所提醒的：凝视深渊过久，深渊将回以凝视。作家为了看清生活表象下的真相或窥看世俗世界之外的幻境，必须有潜入深渊的探险精神；在深渊里，他必须设身处地地体验，想象，有时甚至与笔下的角色融为一体。这个过程非常美丽，令人迷恋甚至迷狂，却是非常危险的，作家很有可能迷失自我，甚至失去生命。日本另一位获诺贝尔文学奖的作家川端康成，或许就是因此而未能走出深渊。

如果拥有出色的文学才能，同时也能走出深渊，则无疑是幸运的。大江在事隔多年之后，能以如此美丽生动的文字，还原出当时的画面与感受，种种细节如此清晰，仿佛作家是在事后立即记下了这一切。当然这还原中可能有想象甚至创造，但确定无疑的是，作家用出色的记忆力和表达力，用文学这种特殊的形式，为自己留住了“逝水年华”。

上天赐予我们平等的生命，却赐予我们不同的感受力与记忆力，这决定了我们生命的丰富与精彩程度。一块普通的点心，因普鲁斯特而成为20世纪世界文坛著名的“小玛德莱娜”点心；一个荒僻的后园，因鲁迅而成了人们熟知的儿童乐园“百草园”。而我们的童年，则大多沉入了记忆的深渊，我们既无兴趣，更无能力去拾起自己生命里那些美丽的“朝花”。就像我努力地搜索一个类似的象征事件，却只隐隐约约地记得春天、田野、蒲公英、邻家的姐姐……怎么也凑不成一个完整的回忆。

即使大江真的在美丽的雅罗鱼中死去，即使如川端般迷失于深渊而不能返，从某种意义上说，他们仍是幸福的，因为他们已到过天堂。

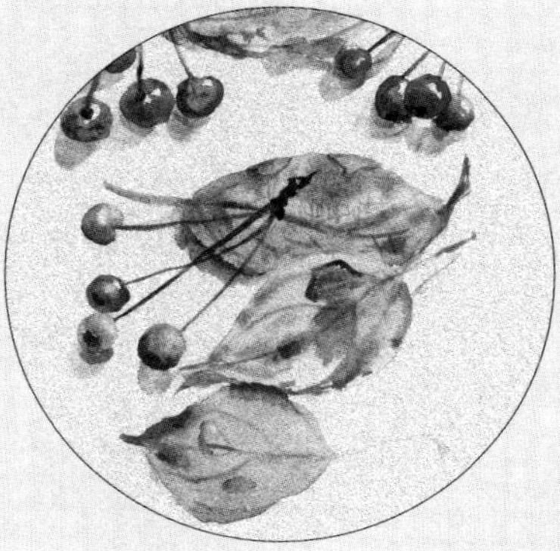

第 三 辑

透明的心灵

软烟霞影映翠竹

随着社会分工日益精细化，有专门的色彩学专家教我们服饰家居的配色。其实我们还可以跟着文学经典学配色。

比如《红楼梦》第四十回中，贾母见黛玉所住的潇湘馆窗上绿纱已旧，就叮嘱王夫人说，这院子里没有桃杏，竹子已是绿的，再糊绿窗纱反而不配。凤姐忙乖巧地接话说库房里还有些银红的蝉翼纱，花样很美，正好可用。贾母笑她没见过世面，说那是软烟罗，只有四样颜色——雨过天青、秋香色、松绿、银红，因远看如烟似雾，故称“软烟罗”，而那银红的有一个更美的名字——“霞影纱”。刘姥姥对着如此精美的丝织品只会念佛，说糊窗子岂不可惜，贾母却说做衣裳反而不好看。

只短短几段文字，可见贾母之见多识广与昔日之大富贵：这软烟罗，连游历颇广的薛姨妈都未见过；当时宫廷专用的丝织品，也比不上它的软厚轻密。更可见其高雅独特的审美趣味：潇湘馆凤尾森森，绿意已浓，再配绿窗纱反而不好看，要配银红才美。如果背景换成桃杏，估计她会建议用松绿。以红配绿，用色大胆，但又并非桃红配翠绿的乡气。精致的软烟罗做窗纱很美，但穿在人身上却不一定合适：装饰感过强，反而如同戏服般不伦不类了。

《红楼梦》第三十五回中，袭人请莺儿为宝玉的汗巾打几根络子（大抵相当于我们今天所说的中国结），莺儿随即发表了一通关于色彩的高见：大红的汗巾须是黑络子才好看，或是石青的才压得住颜色。松花则可配桃红，宝玉称赞说这才娇艳。宝玉又要雅淡之中带些娇艳，莺儿就建议用葱绿柳黄。莺儿的审美力可能来自天赋，也可能受到宝钗的影响，因为下文宝钗提议说不如打个络子把宝玉的玉络上，宝玉请教配什么颜色，宝钗比起莺儿来又高一筹，搭配更为复杂精妙：

> 若用杂色断然使不得，大红又犯了色，黄的又不起眼，黑的又过暗。等我想个法儿：把那金线拿来，配着黑珠儿线，一根一根的拈上，打成络子，这才好看。

《红楼梦》里的众多女性，如生在今日，大概都可以当出色的设计师。

现代的文学经典中，也有配色的范例。比如曹禺《雷雨》中的蘩漪，有着旧式女人的文弱外表，内心却存着原始的野性。曹禺称赞她有最“雷雨”的性格，情感、郁热与境遇，激成一朵艳丽的火花。这朵“火花”出场时，照理该用艳丽的红，至少也该是层层的红凝固淤积成的紫；但曹禺为她安排的却是“通身是黑色”，“旗袍镶着灰银色的花边”。因为蘩漪出场时，已过了最美的盛年：“她会如秋天傍晚的树叶轻轻落在你的身旁，她觉得自己的夏天已经过去，西天的晚霞早暗下来了。”曹禺的另一部名著《北京人》中，有一位充满诗意的江南闺秀愫方：“苍白的脸上恍若一片明静的秋水，里面莹然可见清深藻丽的河床”，“像整日笼罩在一片迷离秋雾里”。曹禺替这位他心中最美好的女性选择的服饰十分淡雅：一身深蓝毛哔叽织着淡灰斑点的旧旗袍，宽大适体。较之于蘩漪的通身黑色，配色柔和了许多，但又不是少女的清新明丽，因为愫方当时已过三十，多年寄人篱下而耽误了青春。

如果说此前《红楼梦》中的两处配色更多考虑的是与环境背景的相称，曹禺则更多地考虑了年龄、处境、气质等人的因素。说到底，有关色彩的审美还是超出了色彩本身，指向文化教养与精神内涵。而老子的“五色令人目盲”，则是更高层面的提醒了。

“累汝千回带泪吟”

黛玉初到贾府那日，宝玉出门未归，王夫人先给黛玉打预防针，说他是个孽根祸胎，混世魔王，嘱咐黛玉“以后不要睬他”。宝玉盛装出场，读者也正好借黛玉之眼细细鉴赏宝玉之美。小说随即却笔锋一转，说后人有《西江月》二词，批宝玉极恰：“潦倒不通世务，愚顽怕读文章。”“天下无能第一，古今不肖无双。”

宝玉之无能不肖，并非通常所说的不学无术。大观园试才题对额，宝玉一展才情，众人交口称赞，贾政却认为这些不过是“歪才情”“精致的淘气”。在这位政老爷的眼里，四书等才是正经学问，经世济用才最要紧。

贾政为人古板正统，其经世济用的人生追求，往高里说，乃儒士济天下之理想，近于屈原之“乘骐骥以驰骋兮，来吾道夫先路”，杜甫之“致君尧舜上，再使风俗淳”。小说中另一人物之实用主义，则更具世俗性与普遍性。第一回中贾雨村托月言志：“天上一轮才捧出，人间万姓仰头看。”似志存高远，引出的却是求仕的陈词滥调：“玉在匵中求善价，钗于奁内待时飞。”将自己商品化，待价而沽。他家境衰落，期望求取功名，再整基业。在甄士隐的资助下，贾雨村赴京赶考，高中进士，升官晋爵，纳娇杏为妾时，已有百金作谢礼；后因贪酷侮上被革职，也可将历年所积资本并家小送回原籍，安排妥帖。此后趁朝中起复旧员，请托贾政，得一美差。在金陵应天府任上，雨村判案时巧遇自小被拐的英莲——恩人甄士隐之女，他不但未趁此报恩，反胡乱结案以讨好新恩主贾家。当日贾政最喜读书人，见雨村言语不俗，因此竭力相助，殊不知其不俗只是俗念外一层精致的包装而已。

宝玉之不求上进，“行为偏僻性乖张”，乃天性也。小说第二回借贾雨村之口，论“天地生人”，正气生仁，邪气生恶。若正邪之气相遇，两不相让，化而为人，必聪俊灵秀却又乖僻邪谬，或为情痴情种，或为逸士高人，或为奇优名倡。宝玉正属此类天赋异禀者也。托尔斯泰有一短篇小说《舞会之后》，也为我们描述了一个无用之人，同为对不合理社会的反抗，此无用却非得之于天性。主人公伊万因沉浸在爱情中无法入睡，凌晨时分走到了大街上，目睹了一次惩罚逃兵的酷刑，而毫无怜悯地指挥并欣赏着这一切的那位上校，正是他的心上人的父亲，一位刚刚还在舞会上翩翩起舞、仪表不凡的贵族军官。这残酷血腥的画面极大地刺激了伊万，他陷入了痛苦的思索：上校一定知道些他不知道的事情，所以才会那么做而毫不痛苦；如果他能知道上校所知道的事，也就可以理解这一切而不再痛苦。无论如何努力，他依然无法理解上校的人生准则，无法放下痛苦。于是他不能去军队服役，也没有去任何地方谋职，成了一个“毫不中用的人”，一生就此完全改变。

现实中，年轻的托尔斯泰服役，办学，出国考察，发行杂志，努力成为一个对社会有用的人。从 1863 年起，他停止了改良社会的工作，埋头于文学创作。曹雪芹则在“作者自云”中说自己“背父兄教育之恩，负师友规训之德，以致今日一技无成，半生潦倒”，将此“编述一集，以告天下人”。

在凡事要追问有什么用的人看来，文学创作大概只是无用书生的“满纸荒唐言”。龚自珍诗云：“词家从不觅知音，累汝千回带泪吟。”自有一代又一代的读者，于寂寞黄昏或漫漫长夜，千回带泪，品作者痴，解其中味，也借此一浇胸中块垒，此可谓无用之大用。

“吃来吃去就好了”

《红楼梦》历来被视为“封建社会的百科全书”，书中有多个药方，最著名的当属宝钗的“冷香丸”：春天的白牡丹花蕊十二两，夏天的白荷花蕊十二两，秋天的白芙蓉蕊十二两，冬天的白梅花蕊十二两；此外还需雨水这日的雨水十二钱，白露这日的露水十二钱，霜降这日的霜十二钱，小雪这日的雪十二钱等。此药方颜值甚高，且与宝钗的性情相配，令人赞叹。我辈凡俗之人，即便无此良药，酷暑难当之际，只需闭目冥思：四季更替，雨露霜雪，众花高洁，当也可排几分“热毒”。

此药美则美矣，但宝钗所患“那种病”究竟为何病，此药方效用究竟如何，还需经过现代医学的验证，方能令人信服。鲁迅《父亲的病》曾记录一则轶事：“先前有一个病人，百药无效；待到遇见了什么叶天士先生，只在旧方上加了一味药引：梧桐叶。只一服，便霍然而愈了。‘医者，意也。’其时是秋天，而梧桐先知秋气。其先百药不投，今以秋气动之，以气感气……”叙述间可见先生微妙的讽刺。“冷香丸”正如此梧桐叶，让人联想起文人抒情写意的诗赋书画，将其视作小说家的文学想象，而非真实的治病良方，可能比较恰当。

这些近于抒情诗的药方不一定有用，但也不至于有害。而有些中药方就颇让人费解和担心。《父亲的病》中，还记录了某位名医为鲁迅父亲的水肿病所开的药引和丸散，如“蟋蟀一对”，旁注小字道：“要原配，即本在一窠中者。”鲁迅评论说似乎昆虫也要贞节，续弦或再醮，连做药资格也丧失了。还有一种特别的丸药“败鼓皮丸”，据说是用打破的旧鼓皮做成的；水肿一名鼓胀，用打破的鼓皮自然就可以克伏它。鲁迅讽刺说大概如清朝的刚毅练了些兵打洋鬼子，称作“虎神营”，取虎能食羊，神能伏鬼之意。这位名医如此开药倒并非为做道学家或爱国，主要还是为了“实利”：这一种神药，全城中只有一家出售的，医生详细地说明了地址。之后，他还推荐过一种丹药，据说点在舌上一定可以见效，因为舌乃心之灵苗，并强调价钱也并不贵，只要两块钱一盒（《祝福》中祥林嫂初到鲁家的工钱是每月500文，如果要买这种“只要两块钱一盒”的丹药，得苦干四个月）。不久后，他竟然建议请算命先生看一看可有什么前世的冤愆。

经历种种折腾，父亲最终还是痛苦地死去了，鲁迅家也从小康坠入困顿。这些经历，大概能帮助我们理解鲁迅为何将中医视为“有意的或无意的骗子”，又为何远赴日本学习西医。鲁迅对中医的看法固然有偏激之处，但也提供了一个可供我们参考的视角。传统中医药，当与现代科学结合求实证与发展，全盘否定或不容一点批评，皆非明智之举。

说回《红楼梦》，第八十回中有一位很有意思的道士，据说有一贴百病皆除的神药，故人称“王一贴”。他吹得天花乱坠，宝玉脑子清楚得很，全然不信，只希望能有一种药可疗治金桂之善妒凶恶，帮助香菱摆脱困境。王一贴灵机一动，胡诌出一个秋梨冰糖陈皮“疗妒汤”，说“吃来吃去就好了”。宝玉质疑其药效，王一贴答道：“横竖这三味药都是润肺开胃不伤人的，甜丝丝的，又止咳嗽，又好吃。吃过一百岁，人横竖是要死的，死了还妒什么！”宝玉笑骂他是油嘴的牛头，王一贴倒也老实，一语道破其中玄妙：“实告你们说，连膏药也是假的。我有真药，我还吃了作神仙呢！有真的，跑到这里来混？”不知是否可点醒迷信保健品神效的人们。

随古人观日赏雪

如今人们的生活方式越来越多样，以外出旅行的方式过春节，早已不是新鲜事。

登山观日出，在壮丽的大自然中辞旧迎新，颇具庄严的仪式感，也是选择之一。在孔子曾登临而小天下的泰山上看日出，会是什么样的呢？让我们跟随桐城派散文大家姚鼐的《登泰山记》，去看看两百多年前的泰山日出："极天云一线异色，须臾成五采。日上，正赤如丹，下有红光动摇承之，或曰，此东海也。回视日观以西峰，或得日或否，绛皓驳色，而皆若偻。"以日之正红为主色调，衬以云之一线异色，"须臾成五采"，东海之红光摇曳，山峰之绛皓驳色，颜色丰富又不失纯正，流淌变化，如一幅晕染扩散的动态画卷。大自然崇高壮阔的美，足可消除鄙俗之气，使人在人格上有所提升。

姚鼐在文中自述，于乾隆三十九年（1774年）十二月，与好友朱孝纯由南麓登山。第二天正值除夕，五更时分，他与朱孝纯坐日观亭待日出。此前，姚鼐称病辞去四库全书馆纂修官一职，从京城冒着风雪，长途跋涉，抵达泰安。辞官的原因，有人说是学术观点与同僚不合，也有人认为是因官场险恶，志向难酬而心生退意。从某种意义上，《登泰山记》也可以看作一篇"归去来兮辞"。因此，我们在文中可以读到这样的文字——日观以西峰"皆若偻"，似乎在向最高峰日观峰鞠躬致敬，令人联想起柳宗元《永州八记》中的西山："然后知是山之特立，不与培塿（小土丘）为类。”写山，实均为写人，凸显特立独行之高峻人格。“山多石，少土。石苍黑色，多平方，少圜（圆）。少杂树，多松”一段，除了体现姚鼐作为桐城派之集大成者对雅洁文风的刻意追求与对考据的重视外，实则也别有怀抱：石之方正，松之高洁，都象征着耿介不阿、难容于世的君子之风，可看作“夫子自道”。

时值冬日，泰山正逢大雪，文中有几处文字与雪有关：“苍山负雪，明烛天南”；“大风扬积雪击面”；“冰雪，无瀑水，无鸟兽音迹”；“至日观数里内无树，而雪与人膝齐”。白茫茫的大雪中，并无其他游人；虽有友人相伴，但文字所传达出的孤高清冷，颇近于柳宗元之“孤舟蓑笠翁，独钓寒江雪”。这大抵是难容于世的高士共同的心境。因此，姚鼐的老师刘大櫆说姚鼐登泰山而“慨然想见隐君子之高风”，其中自有幽怀远韵。

我这样的俗世中人，除了仰慕高士之幽怀远韵外，颇为好奇的是，在这样的“雪与人膝齐”的天气里，姚鼐是以什么样的装备登山的？同样是写十二月清冷雪景的名篇，张岱的《湖心亭看雪》也为我们描述了一个超凡脱俗的世界，只是这世界在水上而非山巅，时间也要更早，在明崇祯五年（1632 年）：“雾凇沆砀，天与云与山与水，上下一白，湖上影子，惟长堤一痕、湖心亭一点、与余舟一芥、舟中人两三粒而已。”上下一白的大天地中，万物皆小，成一痕、一点、一芥，人也以“粒”计之，不过是“渺沧海之一粟”而已。与柳宗元、姚鼐相似，张岱向往的也是“千山鸟飞绝，万径人踪灭”的孤绝之境，因此选择在这样的时间独往：“大雪三日，湖中人鸟声俱绝。是日更定矣，余拏一小舟，拥毳衣炉火，独往湖心亭看雪。”舟中除他之外只有船夫，连朱孝纯那样的知交也无。与姚鼐不同的是，张岱略略交代了一下出行与御寒的装备：小舟、毳衣、炉火。毳衣是用鸟兽细毛编织的衣服，不知保暖程度与今日之羽绒服相比如何。

张岱还曾描述过西湖七月半时的盛况，感慨一无所见，只见篙击篙，舟触舟，肩摩肩，面看面而已。须等到游人散尽，方可呼客纵饮，共赏月如镜新磨。月色苍凉，东方将白，客也散去，此时纵舟酣睡于十里荷花之中，香气拍人，清梦甚惬。

如果由于种种现实的限制而不能行万里路，不妨在书中登临高山，俯瞰湖光，饱览那无人之处的月色与雪景，来一次穿越时空的逍遥游。

“青山久与船低昂”

读苏轼诗句“青山久与船低昂”，王安石诗句“已无船舫犹闻笛，远有楼台只见灯”，总觉风景旧曾谙。细细回想，原来这样的风景曾出现在鲁迅的小说《社戏》中。童年时背诵的文字，隐藏在记忆深处，不思量，自难忘。

朦胧的月色中，一群少年驾着一艘大船，带迅哥去看渴盼了许久的社戏。少年的心情只能用“雀跃”形容：“淡黑的起伏的连山，仿佛是踊跃的铁的兽脊似的，都远远地向船尾跑去了，但我却还以为船慢。”期待的心境比真实的社戏更美：“他们换了四回手，渐望见依稀的赵庄，而且似乎听到歌吹了，还有几点火，料想便是戏台，但或者也许是渔火。那声音大概是横笛，宛转，悠扬，使我的心也沉静，然而又自失起来，觉得要和他弥散在含着豆麦蕴藻之香的夜气里。”返航时再回望灯火光中的戏台，又缥缈得像一座仙山楼阁，满被红霞罩着；吹到耳边来的又是悠扬的横笛。兴尽而返的少年加紧摇船：“那航船，就像一条大白鱼背着一群孩子在浪花里蹿，连夜渔的几个老渔父，也停了艇子看着喝采起来。”

这是鲁迅文字中少有的“少年感”。其时鲁迅家境尚好，父亲还在，夏天他随母亲归省，回到外祖母家所在的一个偏僻的小渔村。“久在樊笼里，复得返自然”，少年鲁迅将这个小渔村视作自由的乐土，在这里，不用读书，整日游戏，还有小朋友们的热情招待。那些童年往事经过记忆的筛选美化，全成亲切的怀念，以至于多年后他明知可能只是记忆的哄骗，却仍时时反顾，感叹再也不曾吃到那夜似的好豆，看到那夜似的好戏。

此后多年，鲁迅漂泊在外，异乡当然没有那夜似的好豆、那夜似的好戏；回到故乡，却是同样的失望与失落。

小说《故乡》中，故乡的山水，只带给久别的“我”悲凉的心境：“我冒了严寒，回到相隔二千余里，别了二十余年的故乡去。时候既然是深冬；渐近故乡时，天气又阴晦了，冷风吹进船舱中，呜呜的响，从篷隙向外一望，苍黄的天底下，远近横着几个萧索的荒村，没有一些活气。我的心禁不住悲凉起来了。”当他带着母亲与侄儿离开故乡时：“我们的船向前走，两岸的青山在黄昏中，都装成了深黛颜色，连着退向船后梢去。”少年时“一条大白鱼背着一群孩子在浪花里蹿”的浪漫想象和活泼生机都消失殆尽，中年的沉重萧瑟透于纸背。

小说中的“我”在谋食的异地经历了什么，才有了这样悲凉的心境，联系鲁迅的生平，我们不难猜测想象。结尾处，“我”希望后辈的生活不要再如“我”的辛苦辗转，也不要如闰土的辛苦麻木，也不要如别人的辛苦恣睢；也给绝望的人们以希望：地上本没有路，走的人多了，也便成了路。

无论人间的路如何，还好，总有自然和母亲能抚慰人心。李白相看两不厌的，只有敬亭山。辛弃疾见青山多妩媚，料青山见他也应如是。《社戏》中，少年们深夜驾船归来，桥上久立等候的，是还年轻的母亲；《故乡》中，游子还乡，早已迎在破败老屋外的，是已老去的母亲。人间的路走到了尽头，还有自然和母亲融合为仁厚黑暗的地母，永安我们的魂灵。

子君走后怎样

鲁迅写于1924年的小说《幸福的家庭》中，主人公是一位以稿费为生的作家。为了投合报纸和读者所好，他要杜撰一个“幸福的家庭”。

让我们跟随他来看看“幸福的家庭”的模样。主人和主妇是西洋留学生，自由结合，订有四十多条平等自由的条约。主人始终穿洋服，硬领始终雪白；主妇则前头的头发始终烫得蓬松如麻雀窠，牙齿始终雪白地露着，衣服却是中国装。桌上铺着雪白的桌布，厨子送上的午餐的第一道菜并非西餐，还是中国菜，且有一个奇特的名字：“龙虎斗”。作家正在想着“龙虎斗”到底是何物时，现实打破了他幸福的幻想，背后好一阵窸窸窣窣，扰得他心烦意乱，终究忍耐不住，回头一看，“就在他背后的书架的旁边，已经出现了一座白菜堆，下层三株，中层两株，顶上一株，向他叠成一个很大的A字”。

数字的强调和刻意的啰唆，让我们联想到鲁迅《秋夜》中的名句——“一株是枣树，还有一株也是枣树”；“叠”字则精妙地传达出层层堆叠，似乎还在不断往上生长的压迫感。这就是真实家庭的模样，似乎在提醒和嘲讽着“幸福的家庭”类想象的虚浮可笑，而这也正是鲁迅写作这篇小说的本意。如果有机会领略今日许多家庭剧之想象力，先生恐怕会自叹不如：其布景服装之精致奢华，其人物设定之高贵雍容，不接地气的程度远超当日之“麻雀窠”与“龙虎斗”。

与《幸福的家庭》意在嘲讽不同，鲁迅的小说名篇《伤逝》是对现实的沉重的考问。易卜生的名剧《玩偶之家》中，出走后的娜拉会有怎样的命运？《伤逝》中的子君，给了我们一个令人唏嘘的答案。她走出自己的封建家庭，分明地、坚决地、沉静地说出“我是我自己的”的娜拉式宣言，勇敢地与涓生结合，却陷入生炉子煮饭、养小狗小鸡、与房东太太暗斗的琐碎生活中，且如《幸福的家庭》中那位真实的主妇，常常以白菜和劈柴打断涓生的文思。对似乎将功业完全建立在“吃饭”中的子君，涓生由失望到淡漠到直言以告“不爱”。爱在生活的重压下消失了，这对子君是致命的一击。没有钱的娜拉要么堕落，要么回去，子君的选择是回到笼中，等待她的只有父亲的严威、旁人的冷眼，还有无尽的虚空，如“风刀霜剑严相逼”，将她逼进了坟墓，留给涓生的只有无尽的伤痛和悔恨。

现代职业女性，经济上可以独立，白菜、劈柴类的问题，也可以借由一个世纪前难以想象的物联网方便快捷地解决。“子君们”由此都获得了新生吗？我们熟悉《伤逝》中的名言：“人必生活着，爱才有所附丽。”但生活毕竟不只是衣食住行，生命的意义究竟何在？“爱情必须时时更新，生长，创造”，人生更是如此。涓生最后决定用遗忘向新生迈出第一步，成功与否，我们不得而知。无论是涓生还是子君，无论生活在什么样的时代，是否能拥有“新生”，终究还在于自己，须得于琐碎的日常生活中始终忍耐坚持，又时时更新生长。

“不见载着翠姨的马车来”

萧红的小说《小城三月》[①]，以“三月”命名，讲述的却是一个如秋水黄昏般令人惆怅的故事。小说以第一人称与孩子的视角，将翠姨的短短一生娓娓道来。说是姨，其实和“我”并无血缘关系，是“我”的继母的继母在之前的家庭所生的女儿，只比“我”大几岁。这样错综复杂其实又颇疏远的关系，并不影响“我”和翠姨成为贴心的好友，于是我们得以跟着“我”的眼睛，去认识这位非常特别的十八九岁的姨母。

服饰大概是女性永恒的话题，在当时僻远的东北小城里，“我”和翠姨的终夜不绝的谈话，也往往从衣服开始。翠姨有一个妹妹，流行什么就穿什么，花的绿的，红的紫的，赶快做了穿上。被人恭维她衣料好看时，她就会说同样的还有一件，给了姐姐了。小说里这样评价她：“别人是人穿衣裳，而翠姨的妹妹就好像被衣服所穿了似的，芜芜杂杂。”翠姨则正相反，对流行的东西总是迟疑很久，从不赶时髦。她的美，不在于外貌与服饰，而在于仪态：

> 翠姨生得并不是十分漂亮，但是她长得窈窕，走起路来

① 林贤治. 萧红十年集 [M]. 北京：人民文学出版社，2009.

沉静而且漂亮，讲起话来清楚地带着一种平静的感情。她伸手拿樱桃吃的时候，好像她的手指尖对那樱桃十分可怜的样子，她怕把它触坏了似的轻轻地捏着。

她平时不擦脂粉，也很少穿得华丽，偶一装扮，便艳惊四座。那天家族中有喜事，大家都盛装出席，着长长的大袄，枣红的居多，也有绛色和玫瑰紫的，上边绣着繁花。翠姨穿一件蓝底金花的缎袍，满屋的彩绣辉煌也掩不住她的光彩，大家围着她，都夸她漂亮得像一株新开的蜡梅。

“大都好物不坚牢，彩云易散琉璃脆”，繁华之中，却总蕴含着隐隐的悲凉。翠姨的美丽如蜡梅般绽放，却难免凋零的命运。那些围观她的女人，羡慕了半天，脸上却都突然冷落起来，大概也是瞥见了其日后的命运。“我”的伯父曾打趣翠姨颇像黛玉，这样性情的女子，又生在这样一个偏僻的小城，等待她的，将是什么样的命运呢？

翠姨的不幸，其实小说中早有伏笔。“我”陪翠姨去买绒绳鞋，其实她对那鞋心仪已久，却迟迟不肯说破。她在漫天的大雪里满城找寻，似乎那鞋里藏着她的命运。觅而不得，她看着“我”说：“我的命，不会好的。”她已经订了婚，未婚夫是家里替她找的；她是再婚的寡妇的女儿。她自己一天把这个背了不知多少遍，无论穿什么样的鞋，大概都不会觉得“未来可期”。后来翠姨在成婚前死去，死亡就是她反抗宿命的方式：出嫁前她坚持要读书识字，但不久就病了，婆家怕之前的彩礼钱白花，就急着要娶她；她听说后就拼命糟蹋自己的身体，很快就死了。

小说结尾，春天又来到了这座小城：

年轻的姑娘们，她们三两成双，坐着马车，去选择衣料去了，因为就要换春装了。她们热心地弄着剪刀，打着衣样，想装成自己心中想得出的那么好。她们白天黑夜地忙着，不久春装换起来了，只是不见载着翠姨的马车来。

与笔下的翠姨不同，萧红以出走反抗命运，如少年鲁迅般“走异路，逃异地，去寻求别样的人们”，经历种种风雨，于 1942 年 1 月在香港病逝，年仅 31 岁。“我将与碧水蓝天永处，留得那半部《红楼》给别人写了”，“半生尽遭白眼冷遇……身先死，不甘，不甘”。短暂的生命如彩云散去，但她笔下呼兰河上那美丽的火烧云，却依然在世间燃烧，燃烧。

山间迟桂香依旧

在远离自然的城市里生活，突然瞥见这样的秋光，想必会心神摇曳，向往不已：“山下面尽是些绿玻璃似的翠竹，西斜的太阳晒到了这条坞里，一种又清新又寂静的淡绿色的光同清水一样，满浸在这附近的空气里在流动。”

这是郁达夫写于1932年的《迟桂花》[①]中的文字，描述杭州近郊翁家山中的秋光。小说最后，作家似乎有些多余地提醒读者，此中人物事迹皆为虚拟。也许我们可以据此调侃：山中秀丽风光、淳朴民风则均为实录。

近一个世纪前的城市居民如何度假？小说中描述的情形，与今日颇为相似。“我”从上海到达杭州的那一天，似乎是上海各洋行与机关放假的日子，前来旅行的人特别多。在山间的狭路上，又遇见了许多远足归来的学生。山间所见，也与今日相似：是些青葱的山和如云的树，在这些绿树丛中又是些这儿几点、那儿一簇的屋瓦与白墙。不过人们能望见的夜景，明显多了些古典气息：空山秋夜，秋虫鸣唱，“山上电灯线似乎还没有接上，远近一家一家看得见的几点煤油灯光，仿佛是大海湾里的渔灯野火”。这样的夜晚，让久居都市的

① 江苏省中国现代文学学会. 中国现代文学名作选 [M]. 南京：南京大学出版社，1994.

"我"酣眠而不觉晓："窗外面吱吱唧唧的鸟声喧噪很厉害，我满以为还是夜半，月明将野鸟惊醒了，但睁开眼掀开帐子来一望，窗内窗外已饱浸着晴天爽朗的清晨光线。"

《迟桂花》中，有一个迟桂花般美好的女性"莲"，替代兄长带酣眠醒来的"我"去游山。令我惊异的是，这位小时候只在村里的小学校念过四年书的天真女子，不仅对西湖附近的山水古迹、庙宇楼台如数家珍，而且熟知种种动植物的知识。无论是如何小的一只鸟、一个虫、一株草、一棵树，她非但能把它们的名字叫出来，并且连几时孵化、几时他迁、几时鸣叫、几时脱壳，或几时开花、几时结实、花的颜色如何、果的味道如何等，都说得非常有趣而详尽，使"我"觉得如同在读一部自然史，而她讲述时又没有任何学究气，只有原野般的天真质朴。其实这倒不值得大惊小怪，乡间女子熟悉草木虫鱼，就如同熟悉自己童年的玩伴，是再自然不过的。

《迟桂花》为我们描述了一个远离尘俗的美丽故事，"莲"那样的女子，历经婚姻不幸和世事变化，却出淤泥而不染，保持着容貌的丰美康健与心性的单纯美好；虽无仙气，却也如屈原笔下的"山鬼"婀娜灵动，"若有人兮山之阿，被薜荔兮带女萝。既含睇兮又宜笑"，让世间的人们慕其窈窕却又无法真正接近。也许正因为此，作家才强调"人物事迹的虚拟"。

小说中一直弥漫着迟桂花馥郁的香气，结尾处，"我"与友人约好明年再来嗅这桂香。时光荏苒，小说中的那山那人遥不可寻，写下《迟桂花》的作家也早已葬身异国。每到秋日，桂香却依约而至，给尘世中操劳的人们带来同样的惊喜与无穷的慰藉。

云中谁寄锦书来

如果你读到这样一段文字，大概会被这种“从前慢”的调子吸引：

小城的阳光晒着他花白了的头，晒着他穿着皂布马褂的背，尘土极幸运地从脚下飞起来，落到他的白布袜子上，他的扎腿带上。

阳光充足地照到街岸上、屋脊上和墙壁上，整个小城都在寂静的光耀中。他身上要出汗，他心里——假使不为尊重自己的一把年纪跟好胡子，他真想大声哼唱小曲。

这是小城里的一位邮差先生。烽火连天的战争岁月里，师陀在他的《果园城记》[①]中，描绘了一个桃花源般的中原小城，《邮差先生》是其中一篇。那种诗意的抒情氛围、慢悠悠的生活节奏，似乎是木心那首广为传唱的《从前慢》的最好注脚——“从前的日色变得慢／车，马，邮件都慢”。这类作品，与萧红的小说《呼兰河传》、费穆的电影《小城之春》相似，都是为古老中国唱出的田园牧歌与挽歌，

① 中国现代文学馆. 师陀文集 [M]. 北京：华夏出版社，2000.

温暖日光也难掩暮色苍凉。

茅盾评《呼兰河传》的这段话，也适用于《果园城记》：

> 要点不在《呼兰河传》不像是一部严格意义的小说，而在于它这“不像”之外，还有些别的东西——一些比“像”一部小说更为“诱人”些的东西：它是一篇叙事诗，一幅多彩的风土画，一串凄婉的歌谣。

而中国人对书信以及与之有关的一切，总有着诗意的想象和特殊的情感。比如苏武牧羊，鸿雁传书。再如鱼传尺素——汉乐府诗《饮马长城窟行》中：“客从远方来，遗我双鲤鱼。呼儿烹鲤鱼，中有尺素书。长跪读素书，书中竟何如？上言加餐食，下言长相忆。”

其实，古代也有快马加鞭的驿使，一如今天急匆匆的快递小哥。在古代，什么事情会紧急到火烧眉毛呢？大抵是军情吧？但也有可能只是为“三千宠爱在一身”的贵妃娘娘送来远方的荔枝——“一骑红尘妃子笑”。当然，更多的还是这样富有诗意的场景：“折梅逢驿使，寄与陇头人。江南无所有，聊赠一枝春。”后世甚至以“驿使”指代梅花，比如宋代朱淑真的《绛都春·梅》：“寒阴渐晓。报驿使探春，南枝开早。”“驿寄梅花，鱼传尺素”，更成为千百年来人们熟知的典故，代代相传，与我们的情感永难分割。

抗战期间，师陀困于上海，衣食无着，卖文为生，将自己的蜗居命名为“饿夫墓”。杜甫的“烽火连三月，家书抵万金”，想必会让他心有戚戚。但在小说《邮差先生》里，他只这样淡淡地借一位爱开玩笑的小子问道：“送信的，有我的信吗？”而那位模样既尊贵又从容的老人则在满城“寂静的光耀”中笑了：“你的信还没有来，这会儿正在路上睡觉呢。”

幽闭人生

张爱玲的短篇小说《封锁》①，背景是战争，人们被短暂隔离在电车上的小小空间里。那个小小的空间，看似脱离了日常生活，“切断了时间与空间”，其实却依然连接着日常生活的衣食住行，连接着永恒的人性。

小说采用了全知视角，叙述者架着摄像机——这摄像机还可透视心灵——带我们去认识电车上的芸芸众生。女主人公吴翠远，是大学里的英文助教。这名字让我无端地想到中国画中远山横翠的清淡意境，她的面貌和衣着也颇合乎“清淡”的风格：五官很淡，“一件白洋纱旗袍，滚一道窄窄的蓝边”，一把蓝白格子小遮阳伞。

男主人公吕宗桢，是银行会计师。他齐齐整整穿着西装，戴着玳瑁边眼镜，提着公事皮包，当属今日所谓高级白领。有一个细节颇耐人寻味：他手里的报纸，包着的是夫人托他在银行附近一家面食摊子上买的菠菜包子。小说中另有一个相似的细节：一个男子小心翼翼地让包着熏鱼的油汪汪的纸口袋与西装裤子保持两寸远的距离。下文还有一处神来之笔，他低声和妻子议论着什么，妻子毫不关心，只附耳提醒他：“你的裤子！”上海人之讲究“体面”，可见一斑。

① 金宏达，于青. 张爱玲文集 [M]. 合肥：安徽文艺出版社，1992.

封锁不知什么时候才能结束，吕宗桢颇为无聊，把包包子的报纸揭开，看到一些包子上印了铅字，字都是反的：“讣告……申请……华股动态……隆重登场候教……”张爱玲此处有精彩的议论，深得民族之“魂”：“都是得用的字眼儿，不知道为什么转载到包子上，就带点开玩笑性质。也许因为‘吃’是太严重的一件事了，相形之下，其他的一切都成了笑话。”

接下来作家所描述的场景，我们非常眼熟，只要把“看……”换成“刷手机”：

> 他在这里看报，全车的人都学了样，有报的看报，没有报的看发票，看章程，看名片。任何印刷物都没有的人，就看街上的市招。他们不能不填满这可怕的空虚——不然，他们的脑子也许会活动起来。思想是痛苦的一件事。

除此之外，可怕的空虚如何对抗？一位老人“手心里骨碌碌骨碌碌搓着两只油光水滑的核桃，有板有眼的小动作代替了思想”。如果缺乏真正的生命力，虽可借这类活动暂时逃脱无聊，虚无却依然笼罩着人生。人永远在“封锁”之中，甚至连“恋爱”也不能例外。在这个似乎与日常生活切断了联系的小小空间里，男女主人公谈了一场口头上的恋爱。封锁结束，一切重回正轨，如翠远的名字，只留下淡淡一痕。战争、封锁等苦难，并不必然带给人坚韧与勇气来抵抗命运，寻找生机。懦夫在封锁或不封锁的空间里，延续着固定的人格，表现出人性的弱点。

《封锁》的结尾处，一只虫一动不动地伏在吕宗桢卧室的地板上，无疑是其人生困境的隐喻。趴着的虫要成为直立的人，终究还是要有突变的大勇。无论是小说还是人生，只在表面的精致格调上做文章，格局总是有限的。王小波曾指出张爱玲的小说中深刻的虚无感：“有忧伤，无愤怒；有绝望，无仇恨；看上去像个临死的人写的。”并将其归入幽闭型小说：“那就是把囚笼和噩梦当作一切来写。或者当媳妇，被人烦；或者当婆婆，去烦人；或者自怨自艾；或者顾影自怜；总之，是在不幸之中品来品去。”说得有点尖刻，我们不妨这样来理解，小说如此出色地描述了幽闭型人生，提醒我们：跳出“幽闭”，才能远离不幸。

比剧本长的是人生

张爱玲写于1944年的小说《散戏》[①]，可带我们看一看旧上海的街景和风情：黄包车一路拉过去，长街上的天像无底的深沟，阴阳交界的一条沟，隔开了家和戏院。头上高高挂着路灯，深口的铁罩子，灯罩里照得一片雪白。

这段街景，并非一般意义上的环境描写，用意在于将家和戏院、现实与幻梦隔开。小说中多处看似不经意的描写，都有这样的用意。比如，女主人公南宫婳的服装：身上的长衣是谨严的灰色，可是大襟上有个纽扣没扣上，翻过来，露出大红里子，里面看不见的地方也像在那里火腾腾烧着，说："我们这就出去，立刻！"此处的灰色和如火焰燃烧的大红里子，隐喻着黯淡现实与浪漫激情。

再比如，小说开始写闭幕后的舞台突然小了一圈，在暗黄的灯光里，桌椅橱柜显得异常简陋。刚刚还在演出种种悲欢离合的华丽舞台，突然变得寒碜黯淡，失去了吸引力。结尾处则写街上的店铺全都黑沉沉的，唯有一家新开的木器店，橱窗里还是灯火辉煌，两个伙计立在一张镜面油漆大床的两边，拉开了鹅黄锦缎的绣花床罩，整理里面两只并排的枕头。灯火辉煌、鹅黄锦缎对应着欲望、享乐、奢侈生

① 金宏达，于青. 张爱玲文集[M]. 合肥：安徽文艺出版社，1992.

活、光鲜外表，而两个伙计整理床铺则暗示着辛苦劳作、平常日子。敏感的南宫婳对着这橱窗一景，大约感受到了自己生活的悲凉，“很有点掉眼泪的意思”。年轻时她也曾如戏中人般，轰轰烈烈地恋爱，闹过自杀，有戏剧化的对白，有爱看热闹的观众，如今却是孩子也大了，“没有戏给人看了”。

张爱玲如此写来，对这个人物似有欣赏和同情，又不无讽刺。她还以这样的场景来表达对此种“浪漫”的微妙态度：男女二人历尽千辛万苦，终于到了一起，剧作者想让他们讲两句适当的话，总感到非常困难，结果还是说到一只小白船，扯上了帆，漂到天边的美丽的岛上去，再不就说起受伤的金丝雀，较聪明的还可以说：“看哪！月亮出来了。”于是两人便静静地看月亮，让伴奏的音乐来说明一切。今天的编剧技穷时，还会借助于类似场景，来描画“王子和公主从此过着幸福的生活”。不知道为什么，看似如此幸福美满的画面，总让人觉得隐隐含有某种不安全感和不确定性。

曹禺的《雷雨》里，周冲向心仪的四凤讲述他的理想世界时，也用了类似的唯美画面：

> 在一个冬天的早晨，非常明亮的天空……在无边的海上……哦，有一条轻得像海燕似的小帆船，在海风吹得紧，海上的空气闻得出有点腥，有点咸的时候，白色的帆张得满满地，像一只鹰的翅膀斜贴在海面上飞，飞，向着天边飞。

他的幻想如白色的帆，在现实的铁壁铜墙上撞得粉碎，连同他的爱情、他年轻的生命，一起消逝在雷雨之夜。

陀思妥耶夫斯基在《卡拉马佐夫兄弟》的开篇，描述了一位向往浪漫的小姐，臆想出种种人生的障碍，然后在一个风雨之夜，从悬崖上纵身投入水深流急的河中，只是为了仿效莎士比亚笔下的奥菲利亚。陀思妥耶夫斯基这样嘲讽这种不理智的、刻意的激情：倘若她看中的那堵岩壁不是那么峭拔入画，也许自杀就不会发生了。

回到现实人生，如果迷恋这种浪漫的激情，奋不顾身，甚至飞蛾扑火，最后会落到什么样的结局，冷眼看苍凉世界的张爱玲，不会不知道。而她本人的戏剧人生，也颇令人感慨唏嘘。比剧本长的是人生；比沉醉于灯火辉煌更重要的是，能耐心而持久地建造和整理一个房间——一个自己的房间，一个看得见风景的房间。

总借“傻眼”传出来

杨绛在《洗澡》[1]前言中这样写道：

> 这部小说写解放后知识分子第一次经受的思想改造——当时泛称“三反”，又称“脱裤子，割尾巴”。这些知识分子耳朵娇嫩，听不惯“脱裤子”的说法，因此改称“洗澡”，相当于西洋人所谓“洗脑筋”。

《洗澡》里的这些知识分子，专家学者颇多，人才济济。他们同属于一个机构——“北平国学专修社”。中华人民共和国成立后一切除旧迎新，这个旧称当然要扔进历史的垃圾堆，改为“文学研究社”。这个名字可能还不够新，所以暂不正式挂牌，留有变更余地。

作者说：“写知识分子改造，就得写出他们改造以前的面貌，否则从何改起呢？凭什么要改呢？改了没有呢？”这里的“面貌”，当然是个比喻。不过人的面容仪态，以及衣食住行等外在的生活迹象，总和内心有千丝万缕的联系，不经意间就让人瞥见了内室一角。

1949 年 10 月中旬，文学研究社举行成立大会。《红楼梦》第三

① 杨绛. 杨绛作品集 [M]. 北京：中国社会科学出版社，1993.

回，林黛玉抛父进京都，那荣华富贵的贾府，府中各色人等，随黛玉之眼，在读者眼前一一展露真容。脂砚斋评点《红楼梦》，称此为“总借黛玉一双俊眼中传来”。《洗澡》中，文学研究社的重要人物此前虽已略有介绍，但只是点到为止，集体的正式亮相，还在这次大会上。小说的主人公姚宓，无疑也有黛玉般的聪敏灵秀，此次开会也在场，但只是个坐在沿墙的后排、负责记录的小人物。因此杨绛并未借她这双“俊眼”，而是选择了另一位重要人物余楠。他的座位在长桌周围面南一排，是贵宾、领导的位子，但又不在中心，而在一侧，正好便于观察。

我们就跟着余楠精明的眼睛，来看看这群知识分子的“面貌”。参会之前，余楠自己也颇为“面貌”犯愁——容不可整，衣服却很重要，近似于“表态”或“站队”。他特地做了一套蓝布制服，但穿上了总觉得不对劲，女儿见了更是大惊小怪，说爸爸活像猪八戒变的黄胖和尚。贤惠的夫人宛英早就替他熨好了新衣，他却发狠说，这套西装太新，他不想穿西装，尤其不要新熨的。大概在此时的他眼里，这套新熨的新西服，代表着资产阶级的生活，是他忙不迭要划清界限的。

女儿毕竟心疼爸爸，刚出门又赶回来报告情况。她路遇留学归来的杜丽琳，发现她穿的是西装，不识货的看着朴素，实则衣料和剪裁“可讲究，可漂亮呢”。于是余楠最终决定换上一套半旧的西服——《红楼梦》里最识大体的宝钗，也最喜“半旧”了。到了会场，他看见杜丽琳的丈夫，同是留学归来的许彦成，还是平常装束，“西装的裤子，对襟的短袄，不中不西，随随便便”，并不刻意从旧或从新。

余楠耳朵听领导讲话，眼睛却四处溜达，寻找据说是社里最标致的小姐姚宓。但扫了一圈，也未看见什么“标致的小姐”。其实姚宓就在现场，但穿着灰布制服，毫不惹眼，加之坐在后排，逃过了余楠寻找美人的“火眼金睛”。下文我们会跟着杜丽琳的眼睛看见——姚宓“穿了这种灰色而没有式样的衣服，的确看老”，让本来对她和彦成有所提防的杜丽琳放了心。继续跟着杜丽琳的眼睛看——原来那灰布制服“里面是五彩织锦的缎袄，再掀起衣角，看见红绸里子半掩着极好的灰背”。

《洗澡》的好，正近似于姚宓的美，叙述平实，内在却五彩斑斓，总借“俊眼”传出来，也等待着读者的“俊眼”细端详。

小说中的“美人赞”

汪曾祺有一篇小说《徙》[1],写的却是父女两代共同的“未徙”的悲剧命运：大鹏折翅，白玉蒙尘。遵从鲁迅先生的教导，“竭力将可有可无的字句”删去的汪曾祺，却用了繁笔来描写小说中女儿高雪的美：

> 高雪小时候没有显出怎么好看，没有想到，女大十八变，两三年工夫，变成了一个美人。每年暑假回家，一身白。白旗袍（在学校只能穿制服：白上衣，黑短裙），漂白细草帽，白纱手套，白丁字平跟皮鞋。丰姿楚楚，行步婀娜，态度安静，顾盼有光。不论在火车站月台上，轮船甲板上，男人女人都朝她看。男人看了她，敞开法兰绒西服上衣的扣，露出新买的时式领带，频频回首，自作多情。女的看了她，从手提包里取出小圆镜照照自己。各依年貌，生出不同的轻轻感触。

正面描写与侧面烘托相结合，使高雪之美如高山之雪，皎洁照

① 汪曾祺. 汪曾祺作品自选集 [M]. 桂林：漓江出版社，1996.

人；也如秋水蒹葭，遥不可及。

汪曾祺曾写过一篇文论，专门谈如何写“美人赞”。一种方法是写其神情意态，如汉乐府《孔雀东南飞》中“纤纤作细步，精妙世无双”；另一种是写他人的反应，以汉乐府《陌上桑》为例：“行者见罗敷，下担捋髭须。少年见罗敷，脱帽着帩头。耕者忘其犁，锄者忘其锄。来归相怨怒，但坐观罗敷。”《徙》中写高雪，两者兼而有之，用典如己出，可为典范。

汪曾祺说《红楼梦》写凤姐极生动，但为其画像则实在不美，还是套话“一双丹凤三角眼，两弯柳叶吊梢眉”云云。其实这两句话之前还有大段的服饰描写，我估计读者只觉彩绣辉煌，眼花缭乱，其价值可能更多在于提供服饰研究的资料，再次证明经典名著是一个时代的百科全书。而当曹雪芹将笔墨移至黛玉时，则完全忽略了外在的衣饰，只凸显其超逸脱俗的风姿：“闲静时如姣花照水，行动处似弱柳扶风。”王熙凤感叹“天下真有这样标致的人物”，宝玉则痴狂病发作，说这样一位神仙妹妹竟然没有玉，上演了一出摔玉的闹剧，均为以他人之反应映衬黛玉之美。以侧面烘托写“美人赞”，其实还有一种方法，即让人物与环境融为一体。比如杜甫的《佳人》：“摘花不插发，采柏动盈掬。天寒翠袖薄，日暮倚修竹。”森森绿柏，萧萧翠竹，还有什么更能衬托幽居空谷的佳人高洁如玉的美呢？曹雪芹让黛玉居于“凤尾森森，龙吟细细”的潇湘馆，也是如此。

西方小说中，也有别致的“美人赞”，如杜拉斯小说《情人》①著名的开头：“那时候，你还很年轻，人人都说你美……与你那时的面貌相比，我更爱你现在备受摧残的面容。”让人联想起叶芝《当你

① 杜拉斯. 情人 [M]. 五道乾，译. 上海：上海译文出版社，2004.

老了》中“朝圣者的灵魂”和“衰老了的脸上痛苦的皱纹”。《情人》中还有一位理想人物贝蒂·费尔南代斯，其美雅至柔又至刚，严寒、饥饿、可怕的历史事件都无损于其完美。杜拉斯融合种种手法，形容她如中国水墨画般的美：“这个外国女人目无所视地在街上踽踽而行，路人为之驻足，为之注目，赞叹她的美雅。就像是女王一样。人们不知她来自何方。所以说她只能是从异域而来，来自外国。”她穿的都是不合体的旧衣，却增加了一种奇异的美：“流落异乡，飘零不定，什么都不合体，不相称，不论什么对她都嫌太大，但是很美，她是那样飘逸，那样纤弱，无枝可依，但是很美。自头顶至身躯，她生成就是这样，无论是什么只要和她一接触，就永远成为这种美的组成部分。”对于这样的文字，我们大概也只能为之驻足，为之注目，而终于无言。

透明的心灵

深居简出的人，如何领略四季流转之美？

大概是从食物。汪曾祺的小说《鉴赏家》[①]中，有一位深居简出的大画家季匋民，往往是看到果贩叶三送来的果子，才想起现在是什么节令。

汪曾祺以抒情诗般的笔调，为我们记下大自然的恩赐，令人不忍减去一字："立春前后，卖青萝卜。'棒打萝卜'，摔在地下就裂开了。杏子、桃子下来时卖鸡蛋大的香白杏，白得像一团雪，只嘴儿以下有一根红线的'一线红'蜜桃。再下来是樱桃，红的像珊瑚，白的像玛瑙。端午前后，枇杷。夏天卖瓜。七八月卖河鲜：鲜菱、鸡头、莲蓬、花下藕。卖马牙枣、卖葡萄。重阳近了，卖梨：河间府的鸭梨、莱阳的半斤酥，还有一种叫做'黄金坠儿'的香气扑人个儿不大的甜梨。菊花开过了，卖金橘，卖蒂部起脐子的福州蜜橘。入冬以后，卖栗子、卖山药（粗如小儿臂）、卖百合（大如拳）、卖碧绿生鲜的檀香橄榄。"

在另一篇小说《职业》[②]中，汪曾祺这样描述来自山间的卖杨梅的少女，还有那红得发黑的火炭梅："她们都是苗家打扮，戴一个绣

①② 汪曾祺. 汪曾祺作品自选集 [M]. 桂林：漓江出版社，1996.

花小帽子，头发梳得光光的，衣服干干净净的，都长得很秀气。她们卖的杨梅很大，颜色红得发黑，叫做‘火炭梅’，放在竹篮里，下面衬着新鲜的绿叶……这些苗族女孩子把山里的夏天和初秋带到了昆明的街头了。”远离山野的人们，正是在这些清新可喜的风物中，悠然瞥见了南山。

今天的我们，还有可能从小小的水果中体验自然之诗吗？比如一个如同上天杰作一般圆满的苹果，一串晶莹剔透的如玉的葡萄……时代变迁，物流如此便捷，今天的我们，不必有杨贵妃般的富贵，即可享受来自世界各地的新鲜水果，但满足口腹之欲外，还能感受远方的季节之美的，恐怕不多。

回到汪曾祺的小说，写出汪曾祺那样质而实绮、癯而实腴的文字很难，然而更难得的却是“星斗其文”背后的“赤子其人”。1996年，汪曾祺曾经在《小说》杂志上发表过一篇奇特的《颜色的世界》，以诗行的形式罗列出种种颜色，如鱼肚白、珍珠母、珠灰、葡萄灰（以上皆天色），再如浅红、粉红、水红、单衫杏子红、霁红（釉色）、豇豆红（粉绿地泛出豇豆红，釉色，极娇美）……最后以“世界充满了颜色”结尾。我们可以想象，老人的眼睛如孩童般清澈，对这个充满了颜色的美丽世界，有着无穷的好奇与热情。当美被侮辱被损害时，他写下绝美的《天鹅之死》：“一九八七年六月七日校，泪不能禁。”

“透明的心灵与会流泪的眼睛”，才能在市声喧扰的街头，看见山里的夏天和初秋。

田园梦与抒情诗

汪曾祺写于1980年的小说《受戒》[1]，大概是为古典中国唱出的最后一曲田园牧歌。

作家将小说主人公小英子的家安排在一个三面环河的小岛上，使这个小岛具有了“桃花源”的象征性，在这片多灾多难的土地上，留下一个落英缤纷、芳草鲜美的仙境与梦境。但这个小岛又有小路与外界相通，而岛的主人一家，也无丝毫仙气，过着再普通不过的农家日子，却又把生活经营得如此美好，有滋有味。

汪曾祺属于把语言运用得炉火纯青的那类作家，简笔繁笔都非常出色。比如，他写岛主赵大伯的能干，说他是个“全把式”：不但田里场上样样精通，还会罩鱼、洗磨、凿砻、修水车、修船、砌墙、烧砖、箍桶、劈篾、绞麻绳。十个短语的罗列，没有任何修饰，就让我们了解到江南农村手工劳动的丰富性。如将这类小说与费孝通的社会学名著《江村经济》联系起来读，一定别有收获。

而与赵大伯一样能干的主妇赵大娘，也是一天不闲着：煮猪食，喂猪，腌咸菜——她腌的咸萝卜干非常好吃，舂粉子，磨小豆腐，编蓑衣，织芦篚。与赵大伯的生产劳动不同，赵大娘擅长的事中，还

① 汪曾祺. 汪曾祺作品自选集 [M]. 桂林：漓江出版社，1996.

有颇具审美意味的“剪花样子”：这里嫁闺女，陪嫁妆，磁坛子、锡罐子，都要用梅红纸剪出吉祥花样，贴在上面。美丽的图案中，也隐藏着人们对美好生活的渴盼：“丹凤朝阳”“白头到老”“子孙万代”“福寿绵长”。

赵家的大女儿大英子，这两年都在忙着准备自己的嫁妆。嫁妆中有不少绣品，她希望能绣出新样子，当时流行“活花活草”，这可难倒了绣工虽好却只会老样子的赵大娘。小女儿小英子出主意，让岛外荸荠庵的小和尚明子来帮忙。聪明的明子喜欢《芥子园画传》，常照着描画，小英子说“画得跟活的一样”。试了几张，大英子非常满意，说可以“乱孱”：绣了第一层，第二层的针脚插进第一层的针缝，这样颜色就可由深到淡，不露痕迹。于是小英子就指挥明子画各种各样的花草：她把花掐来，明子就能照着画。石榴花、栀子花、凤仙花、石竹子、水蓼、淡竹叶、天竺果子等，在明子笔下就跟活的一样，在大英子的绣鞋上，也像活的一样。很多姑娘都走路坐船来看，称赞说：“这哪是绣的，这是一朵鲜花！”她们拿了纸来央大娘求明子的画，有求画帐檐的，有求画门帘飘带的，有求画鞋头花的。

这些缀在姑娘鞋上、飘在门帘帐檐上的花花草草，是生活里最美的抒情诗，在无论怎样艰难的日子里，开在田间屋角，散发着朴素而坚韧的美。

这样的美，也流露在小说另外一些细节里。比如，小英子送明子到善因寺去受戒，自己也顺便到城里采买些东西，除了给家里打油，给爹爹买旱烟之外，替姐姐配的丝线、给娘买的鞋面布、给自己买的两个坠围裙飘带的银蝴蝶，都属于“抒情诗”而非必需品的范畴。

小说最后的写作日期说明别有意味：“一九八〇年八月十二日，写四十三年前的一个梦。”汪曾祺出生于1920年，43年前，他正好17岁。43年前，是1937年，一个中华民族难忘的年份，那一年和此后的几十年，那个梦中的小岛经历了什么？无论现实中有多少战乱与灾难，少年的梦，依旧那么清澈美丽。多年后，他还念念不忘，并把它变成如此美的文字——今天的我们，跟着汪曾祺的文字，跟着小英子和明子的船桨，划进了那个梦一般的芦花荡，划进了那个田园梦，那首抒情诗……

第 四 辑

一如倒影，一如梦境

一如倒影，一如梦境

《压路机与小提琴》是导演塔可夫斯基在莫斯科国立电影学院的毕业作品。压路机代表着年轻的压路机驾驶员瑟黎卡，小提琴则代表着从五岁就开始学习小提琴的小男孩萨沙。萨沙每天花大量的时间练琴，他和楼里的其他小朋友宛如生活在两个世界，淘气的小朋友们嘲笑和捉弄他，还奚落他为“音乐家”。有一天小朋友们一起欺负萨沙时，瑟黎卡帮萨沙解了围，还带他去开压路机，让小朋友们羡慕不已。短短的半天，两人相知甚深，结下了跨越年龄和阶层的深厚友情。他们约定了晚上一起看电影，但萨沙的母亲得知后，将萨沙锁在家中，约定最终成空，让人不胜惆怅。

塔可夫斯基的电影向来以诗意见长。大师出手即不凡，这部说不上有什么吸引人的故事情节的46分钟短片，已带给我们许多惊喜。

诗意来自构图、线条和色彩。一个再普通不过的苹果，塔可夫斯基能通过背景和光影的变幻，用特写拍出油画的质感，传达出静物画的静谧氛围。苹果的色彩、斑纹，都有如此丰富的层次，难以用语言准确描摹，穷尽其美。路边一摊再普通不过的积水，则倒映着明净的蓝天、疏朗的枝条，让人联想起“半亩方塘一鉴开，天光云影共徘徊”的诗句。大地仿佛成了画的背景，而粼粼波光则成为最特殊的画布，大自然在画布上涂抹天光疏影，空白处则如山水小品中的留白，皆成远水平野。

诗意也来自时间的跳跃和延宕。萨沙到小提琴老师家学琴，等待上课时，遇见了一个金发小女孩。小女孩着浅粉色连衣裙，扎一对丝质的白色蝴蝶结，容貌清秀，眼神清澈，如天使般可爱。萨沙做出一些奇怪的动作，还捣鼓出一些古怪的声音，以引起小天使的注意。他先于小女孩进琴室去练琴，临走时留下了一个苹果给小女孩。小女孩把苹果还回到萨沙之前坐的椅子上，但不由自主地总是去看它。此处镜头本可以一闪而过，塔可夫斯基却不吝时间，让我们跟着小女孩一起，用眼光久久地摩挲这个如此平常却又如此美丽的苹果。接下来本可以细细地拍小天使啃食苹果的可爱动作与表情，塔可夫斯基却一跃而过，镜头一转，椅子上端端正正摆着的，已经不是苹果，而是果核了。从饱满的果实，到印着齿痕的果核，其间可以有某种隐喻，也可以只是日常生活的一个断片。这些镜头语言，类似于诗歌中的浓缩、跳跃、倒置、错位等，均带来一种奇崛的诗意。

诗意还来自空间的缩小、放大和夸张变形。电影用远景将大楼和人群缩小，又用近景将积水放大，于是客观的物象成为主观的心象，萨沙以富有诗意和童趣的视角，将世界变成他独有的天地。相较于客观世界的真实，这是另一种心灵世界的真实，对萨沙这样一个诗人气质浓郁的孩子来说，后者的真实程度显然超过了前者。萨沙在前往琴室的路上，被一家商店的橱窗吸引。塔可夫斯基巧妙地利用橱窗中的镜子，将普通的风景复制出若干帧，旋转，变形，流动，使画面如同绮丽奇幻的梦境。人在梦中，更在诗中。

我们感慨大师的处女作就如此出手不凡，其实此前塔可夫斯基已经为电影做了各方面的储备。他虽然总是强调电影应与文学一刀两断，成为一种独立的艺术，但实际上却深受文学的滋养，对陀思妥耶夫斯基、黑塞等大家的作品如数家珍。他的雄心大志，是将电影艺术提升到和文学一样的水平，比如像托尔斯泰的巨著那样。塔可夫斯基的父亲是一位出色的诗人，因此他还曾尝试将父亲的诗歌转成恰当的镜头语言。另外，他的电影中，也随处可见古典音乐的娴熟化用。全面而深厚的文艺修养，孕育出了诗意和哲理兼具的电影，创造出了崭新的电影语言，正如另一位电影大师英格玛·伯格曼对他的评价："捕捉生命一如倒影，一如梦境。"

对我们这样在电影与文学上都并无雄心大志的普通人，更具有现实意义的则是，学习塔可夫斯基从一个苹果、一摊积水中捕捉生命、感受幸福的能力。归根结底，幸福是一种化平常为神奇的能力，而非感觉。这种能力，虽有天赋的成分，也可通过后天的努力习得，比如细细地品味这部《压路机与小提琴》。

教养的内核

看了一部关于教育的纪录片，几位中国母亲送只有几岁的女儿去伦敦参加一个短期培训，感受英国教育的精英氛围。听那些衣着高雅、妆容精致的母亲讲述此行目的：学习得体的衣着、讲究的礼仪、标准的英式发音等。有意思的是，她们并未提及具体的课程或能力；也许她们所在意的精英氛围，即衣着、礼仪、口音，是可以区分阶层的高贵格调，具体到女性，即时尚又高雅的“名媛风”。奥黛丽·赫本主演过一部电影《窈窕淑女》，片中的那位卖花女经一位语言学教授的精心调教，速成为仪态高贵、发音标准的淑女，颇能唬人。如果这位教授今天开一个培训班，一定生意火爆。前述那几位母亲眼里的女儿之理想人生，大概是上名校，与名流交往，锁定高级“朋友圈”，钓金龟婿，光耀门楣。发音仪态、学历才艺，不同于豪宅名车，是富人替女儿准备的更高级的隐性嫁妆。

学习这种“名媛风”，其实不必费时费力远渡重洋，读读传统经典即可。比如《红楼梦》中的几位闺秀，黛玉、宝钗自不必说，元、迎、探、惜四姊妹，也是或观之可亲，或见之忘俗，大家之风，令人倾倒。这种大家之风如何养成？黛玉初进贾府，贾母吩咐说，“请姑娘们来。今日远客才来，可以不必上学去了”。姑娘们上的学，显然不同于宝玉、秦钟所上的贾府私塾。那类私塾，只为族中男童而设。女子读书，依贾母所见，只为识得几个字，不做睁眼瞎罢了。李纨的父亲曾为国子监祭酒，却认为女子无才便是德，所以只让女儿读些《女四书》《列女传》《贤媛集》，日常则以女红为要。

社会习俗虽如此，但大户人家、书香门第的闺秀，毕竟要识字明礼，以成“贤媛”。贾府中的几位姑娘，虽不得进家中私塾，想必也有专人教导，有一个专设的小学堂。《红楼梦》中另有一处细节值得注意，迎春她们每人除有乳母与七八个服侍日常起居的丫鬟外，另有四个教引嬷嬷。这四个教引嬷嬷，“凡饮食、言语、行步、礼节皆教之”，看来是养成淑女的关键。

母亲想将女儿培养成淑女，希望女儿有幸福人生，这是人之常情。但如何才能拥有幸福？贾府姐妹，无疑都是“贤媛”，品性教养一流，却皆命运不济，“原应叹息”。命运不能自主，哪有幸福可言？

美国最高法院曾有一位特立独行的女法官——金斯伯格大法官。这位身材瘦小的女性，用出色的法学知识与论辩能力，为女性争取到了许多权利，被许多人视为人生偶像。金斯伯格曾回忆说，有两件事情是母亲一直叮嘱的。一是当一名淑女。母亲所说的当淑女，并非指保持优雅美丽，而是说不要被无用的情绪（比如愤怒）绑架自己，要平和地对话，理性地解决问题。另一个是独立自主。金斯伯格有幸遇到了将她视若珍宝、奉行太太至上主义的马丁，但她始终没有做依附丈夫的贤妻，深深吸引马丁的，也并非她年轻时的美貌优雅，而是智慧与才干。电影《窈窕淑女》中，最终让教授爱上卖花女的，也不是她的淑女派头，而是她的纯真与自爱。本文开头提及的那部纪录片中，英国一位当代的爵士，真正的贵族，时时提醒自己的则是：享受了贵族的权利，应当记着为他人服务的社会责任。

教养的内核永远是，也只能是灵魂的真善美，而不是那些复杂的服饰指南、繁文缛节。对幸福的理解各有不同，但独立自主、自我完善，同时也服务社会，应该是共同的底色。

没有人可以毫发无伤

“任何人都无法毫发无伤地从电影中走出来。”

假如这是一部电影的宣传语，你会不会认为这一定是一部子弹到处飞的战争大片？其实，这里的“任何人”，并非指片中角色，而是指电影的观众。这是法国的一位影评人对瑞典导演英格玛·伯格曼的名作《呼喊与细语》的评论。

电影的情节用一句话即可概括：一座美丽的大宅子中，身患绝症的艾格尼斯即将死去，她的姐妹卡琳和玛丽亚前来陪伴她度过最后的时光。在如此简单的情节中，《呼喊与细语》却抵达了其他影片难以企及的深度。本文开头所引的那句话的真实含义是，这部电影会抵达任何一个观看者的心灵，揭开那些隐秘的伤口，最终你必定会带着深刻的伤痛离开——片中角色的，还有你自己的。当然，也绝不仅仅是伤痛。

这部电影中色彩的运用素来为人称道，伯格曼自己曾这样说：“我所有电影都可以以黑白两色加以考虑，除了《呼喊与细语》。”黑白之外，电影中大量运用的是浓烈的红，红色的墙壁、地毯、窗帘、帐幔，还有鲜血。

曾在大学主修文学的伯格曼，对经典作品应当了然于胸，其色彩的运用，不知是否曾受到《简·爱》一类有明显的哥特式风格小说的影响。小说开头，孤苦无依的简·爱将自己隐藏在猩红的厚重窗帘之后，沉浸于书本里北极那荒凉而壮美的世界，暂时逃脱冷酷的现实世界。表哥将她拽出“北极”并殴打她，她奋起反抗，舅妈把她关进了舅舅在其中去世的那间屋子。作家给简·爱安排的，也是这样一间色彩鲜明的屋子：雪白的床罩，白得刺眼；白色的大安乐椅如同一个苍白的宝座。在这些白色之间，有绛红色的锦缎帐子，同样质地和颜色的窗帘，红色的地毯，床脚边的桌子上，则铺着鲜红的桌布。如此强烈的色彩对比，还有对死亡的恐惧，对不公的愤怒，种种激烈的感受和情绪刺激着年幼的简·爱，使她发出了如此可怕的呼喊，闻声赶来的女仆说那喊声一直刺到了她的心里，并毫无同情地断言说简·爱是故意要鬼把戏，目的只是早点结束禁闭。

《呼喊与细语》中，也有一位女仆应呼喊声而来，但这位女仆安娜却有着圣母般宽广与温暖的胸怀。电影中，被疾病折磨得极端痛苦的艾格尼斯也发出了可怕的呼喊：救救我！这呼喊是向着亲人，向着世界，向着一切可能会倾听、会回应、会解救她的对象发出的。然而应声而来的，只有安娜。安娜敞开胸怀，以自己赤裸温暖的身体庇护她，以温柔的抚摸安慰她——爱的细语是无声的。《呼喊与细语》中的红色出现时，一般都给人痛苦压抑的感觉，暗示着令人窒息的病痛、无法逾越的隔阂、尖锐激烈的伤害。唯有与安娜相关的红色，却是如此明亮闪耀，如她虔诚祈祷后捧起的苹果，如她在壁炉中燃起的火焰，连接着如此简单的日常生活，却又如此珍贵完美，如她的信仰般单纯而确定。

这样一部拍摄于 20 世纪 70 年代的北欧电影，这座华丽却如此荒凉的大宅子里的女人们，与现实中的你我究竟有何关系呢？正如本文开头所说，没有人可以穿过这部电影而毫发无伤。剧中人的伤痛就是我们每个人的伤痛，而当我们向世界发出呼喊时，能有安娜无声的爱的细语抚慰我们的痛苦与孤独吗？如果找不到安娜，也许我们可以试着学习安娜：她失去了自己的女儿，却从未丢失爱与信仰，默默地劳作，照顾病中的艾格尼斯，在给予别人温暖的同时，也平复了自己的伤痛。

红色之外，电影中还点缀着少许清新的绿色。电影的最后，我们跟着艾格尼斯日记中的文字回到从前，姐妹们一起穿过绿色的草坪，荡起了秋千。艾格尼斯凝视着美丽的秋光，还有她挚爱的亲人，她能听见她们的细语，甚至感受到她们的手的温暖，安娜则在她身后轻轻地推着秋千。艾格尼斯在日记中这样写道："这真的就是幸福。我别无他求。现在在这短短几分钟里，我享受到了完满的人生……"

万物入心

1987年上映的丹麦电影《巴贝特的盛宴》，今天看来也毫不过时，有人盛赞其为将爱情、信仰、美食三者完美融合的“三位一体”。影片中，以禁欲和节制为生活重心的路德教教友，并未因此而变得虔诚与纯粹，反而滋生出许多抱怨与龃龉。影片的后半部分，他们偶然有机会品尝一顿精致而奢侈的法国大餐，在对美食的细细品味中，他们感受到了恩赐，获得了美好宁静的心境，彼此的怨恨也烟消云散。影片的结尾，雪花静静飘落，享受了盛宴的教友们手牵着手围成圈，唱起了圣歌。美食满足了口腹之欲，更成为一种精神享受；不是魔鬼般的诱惑，而是让信仰坚定的奇异恩典。

另一部电影《维莉迪安娜》则提供了不一样的视角。这是西班牙著名导演路易斯·布努埃尔“宗教三部曲”的第二部，曾获1961年戛纳电影节金棕榈奖。电影中，美丽沉静的见习修女维莉迪安娜继承了一座豪华的宅院。她收容了一群乞丐，照顾他们的生活，带领他们虔诚祷告。这些原本穷困潦倒的人却并不懂得感恩，反而趁她进城时进入内室，大吃大喝，狂欢了一夜。维莉迪安娜返回时，只见宅邸里杯盘狼藉，器物毁损。大部分乞丐都走了，却还有两个野性大发，企图对维莉迪安娜施暴。侥幸得救的维莉迪安娜，宗教幻梦因之而彻底破灭。

欲望的满足，通往的到底是天堂还是地狱？是仓廪实而知礼节，还是饱暖思淫欲？也许我们可以从中寻找一种平衡。

电影《戴珍珠耳环的少女》，以荷兰画家维米尔的名画为想象的原点，虚构出画家与少女的故事。电影开始，洋葱、土豆、胡萝卜、紫甘蓝、生菜……种种再普通不过的蔬菜新鲜而饱满，在光影变化中，如静物画般美得令人窒息。电影中，画家教少女看天空的云——云朵是什么颜色？少女像大多数人一样，想当然地回答：白色。画家让她仔细地观察，她在窗口凝望天空，发现云朵里原来有各种颜色：黄色、蓝色、灰色……平常的天空和云朵，从此变得非同寻常，因为少女学会了“看”。此处，“看”不是一种感觉，而是一种能力。听、嗅、触摸、品尝亦然。拥有了这样的能力，即使面对普通的果蔬，也能获得欣赏名画的美感与品尝大餐的幸福感。

仔细观察，记下你所看到的一切，设法把美变成需要，设法使需要变成美。加拿大作家安妮·麦珂尔斯的小说《漂泊手记》，为我们提供了一种生活准则和努力方向。小说中的女主人公，每次旋开速溶咖啡罐，总要对它的香气赞赏半天；每折一下新洗的亚麻布，总要停下来深吸它的芳香；吃店里买来的糕点时，能慢慢品上半天；每次买了新东西回来——通常不过是件必需品（比如一块布被补得不能再用，非得替换了），总是爱抚着它，好像那是第一流的上衣或者第一流的长袜。

在简朴的生活中，能够品味与珍惜青蔬之滋味长，这就是幸福。如果可以沉潜其中并对世界万物有所领悟，大概就近于宗教境界了。宗教境界，并不必然地对应于某种具体的宗教，而是一种专注和虔诚的心境。美国女诗人玛丽·奥利弗长年隐居山林，创作多以山野自然为对象，被称为美国当代的“归隐诗人”。在她的诗中，我们甚至能够感受到“只在此山中，云深不知处”的东方隐者的高洁气质。她教我们学会看：鱼跳跃，像一朵小小的睡莲，跃出水面，又落下。教我们学会听：金翅雀歌唱，在不可触及的树梢；白杨树摇晃着叶子，奏出最甜美的音乐，接下来是一阵美丽而短暂的沉默。教我们学会感受和想象：郁金香感受到热，张开花瓣，变成了一颗星；蚂蚁钻进牡丹的花苞，里面藏着一个针孔似的甜蜜暗井；沙滩上的石头，每一块都被阳光镀成了黄金。她的一首诗[①]，以《寺庙从何处开始，在何处结束》为题，提醒我们，打开自我，万物入心，每个人都可以拥有一座自己的寺庙，随时，随地，随心：

我看着；从早到晚，我未曾停止观看。

我说的看，不是只站着，而是
　敞开怀抱似的站着。

并且思考：有些事物也许会降临，一些闪光的
　风的线圈，
　或者，老树上飘落的几片叶子——
它们都在其中。

现在，我将告诉你真相。
世上的万物
降临。

① 奥利弗. 去爱那可爱的事物：奥利弗诗集 [M]. 倪志娟，译. 北京：外语教学与研究出版社，2018.

与玛格丽特共度一生

波兰诗人辛波斯卡在《旅行挽歌》中写下这样的诗句："全都是我的，但无一为我所有，无一为记忆所有，只有在注视时属于我。"辛波斯卡以此概括"我"与风景的关系：如果不能凝神于风景，风景对"我"而言就等同于虚无。作家杨照有相似的体验，他曾撰文介绍自己多年前的一次旅游经历：壮丽的美国大峡谷，前一晚使他几乎落泪，第二天却无法让他感动。最后他发现，原来是自己的状态出了问题，长期依赖咖啡的他，在缺少咖啡时，感官封闭了一半，对美景视若无睹。解决的方法很简单，一杯咖啡，让他重拾昨晚的感动。杨照当然不是为咖啡做广告，他得出的结论是：自己必须有一定的准备，否则再美好的东西都进入不了我们的感官系统。

辛波斯卡的诗与杨照的感悟，不仅可概括人与风景的关系，也可延伸至人与社会、世界的关系。有了一定的准备，才能发现与领略世界的辽阔奇妙；在"注视"中，风景于人才有意义，而人也以此确立自身的存在。从这个角度看，人生最重要的学习，或许就在于自己做好"一定的准备"，学会"注视"，以免错失本可如大峡谷般壮丽的人生。这准备并非外加的知识，更非物质的占有，而是人自身所具有的且可不断生长的灵性——热爱和探究的能力。

法国电影《与玛格丽特共度的午后》，讲述的就是一个灵性被唤醒的故事。杰拉尔·德帕迪约扮演的基曼，平时打理一个小小的菜园，有空了就和朋友们泡小酒吧。他外表粗野，却有不为人知的温柔善良的心灵：他熟悉广场上的十九只鸽子，如同熟悉自己的孩子，并给每只鸽子都取了可爱的名字。鸽子使他结识了一位同样喜爱鸽子的老太太玛格丽特。玛格丽特是一位退休的农艺学家，几乎花了一生的时间周游世界和阅读文学作品。在广场旁的长椅上，玛格丽特试着给基曼朗读小说，没有任何阅读基础、连莫泊桑是谁都不知道的基曼，开始了他特殊的阅读——听读。

玛格丽特发现基曼虽然识字很少，却是一个出色的“听读者”。他能随着她的朗读，想象出加缪《鼠疫》中所描述的恐怖画面；他有出色的记忆力，仅凭一次听读，就能记住打动他的语句。这样一个出色的“听读者”，却有严重的阅读障碍：童年时，老师肆意嘲讽朗读出错的他，同学们也随之哄笑。他对阅读产生了根深蒂固的恐惧，对学习、对爱都失去了信心。最后，对玛格丽特的爱，对阅读的爱，使他克服了障碍，成为一个真正的阅读者，并且重拾对自己的信心：自己是有能力去爱，并给予所爱的人幸福的。

玛格丽特使基曼获得了重生，而她所做的，只是唤醒他心中沉睡的灵性。那灵性，如同一颗种子，曾被粗暴地践踏，埋入冰雪，但多年后，终于在玛格丽特春风般温柔的朗读中重新萌芽生长。基曼是不幸的，因为他在黑暗中徘徊忧伤多年；基曼又是幸运的，他还来得及重新认识自己，认识世界。电影的结尾，基曼以如诗的语言表达他对与花同名的玛格丽特的深深的爱：“她没有别的称呼，以花为名，依书而存。形容词像及地的长发般柔软美丽，动词如杂草一样坚韧，傲然。有些停下来，静悄悄地走进我的心里。她给我一本书，然后，第二本。书页在眼前放出光芒。”

这种热爱和探究的灵性，也可能因为遭遇困境而中途丢失。作家史铁生二十一岁那年双腿瘫痪，他在散文《我二十一岁那年》中这样写道：“我终日躺在床上一言不发，心里先是完全的空白，随后由着一个死字去填满。王主任来了。我面向墙躺着，王主任坐在我身后许久不说什么，然后说了，话并不多，大意是：还是看看书吧，你不是爱看书吗？人活一天就不要白活。”史铁生说老太太这些话当然并不能打消他的死念，在以后的若干年里他频繁地对死神抱有过热情，但在未死之前，他一直记得这些话，因而还是慢慢地去做些事，于是慢慢地又有了活的兴致和价值感。

在人生里，不一定会有一位天使般的玛格丽特给你一本书，也不一定会有一位睿智的老太太提醒你“人活一天就不要白活”。但我们可以学习做自己生命中的玛格丽特，慢慢找到“活的兴致和价值感”，努力让一生如大峡谷般壮丽。

暗淡的星

在开满紫色风信子的田野上，着深蓝长裙的少女留给观众一个非常美的背影，精致的棕色发髻，洁白的宛如天鹅般的脖颈微微垂向洁白的信笺——那是诗人济慈为她写下的诗篇。电影《明亮的星》的海报，以如此精美的画面吸引了许多观众。

曾执导《钢琴课》的导演简·坎皮恩拍摄了这部充满田园气息与古典情调的文艺片，该片于2009年上映。电影取材于济慈的爱情故事，但将更多的关注给予了济慈的恋人范妮，体现了导演一贯的女性立场。

海报制作精良并不等同于电影品质优良，有时甚至相反：导演将最美的镜头用海报展示，你看完电影，发现它最值得看的，也不过这几个优美的画面。因此海报还不足以成为我看这部电影的理由，但再加上济慈和简·坎皮恩的名字就足够了，可惜名字的作用有时也等同于海报。电影美则美矣，但恐怕也只能如“暗淡的星”般被时间湮没。

看完电影，我就明白为什么这部电影唯一的获奖经历是入围了第82届奥斯卡最佳服装设计提名。女主角范妮热爱时尚，且精于女红，为自己设计制作美丽的服饰是其最大爱好。但即便如此，每次出场都着不同服装是否必要？华服似乎比女主角更能吸引观众的注意。有一类通俗剧精通此道：以冗长唯美著称的韩剧，在长达几十集的剧情中，演员（包括男女主演、配角）基本不重复着装，难怪此类电视剧亦称“时装剧”。

有不少观众觉得女主演身形壮硕，不够纤巧美丽。在我的印象中，英国的古典美女可能的确如此：脸色红润，体态丰满，绝不以纤瘦骨感为美。美不美倒在其次，关键在于是否符合人物原型。朱自清的《伦敦杂记》中介绍了济慈故居，其中提到诗人曾这样描述自己的恋人：长长的脸蛋儿，多愁善感，脸侧面看好，正面看，又瘦又少血色，像没有骨头；身架苗条，姿态如之；不止十七岁，可是天真烂漫，举动奇奇怪怪的，到处跳跳蹦蹦，给人编诨名，称诗人为“自美自的女孩子”。客观地说，女主演的容貌与气质，都与诗人的描述相去甚远。

其实电影本是虚构艺术，一味要求演员符合人物原型、故事接近真实等，都是苛评，甚至有悖艺术标准。而试图从这样一部文艺电影里去了解诗人，本就是文艺青年们喜爱的捷径：他们未必有耐心细读济慈的诗集，却热衷于知道一些可使自己更“文艺”的诗句、韵事。于是诗人的夜莺般的鸣唱、真挚深沉的痛苦，全成了他们嘴上的一抹唇彩、手上的一杯下午茶。想要了解诗人，最好的方式就是去读他的诗，除此以外，别无捷径。看一部关于诗人的电影，却离诗人更远了——此类附庸风雅的观影，能收获的，恐怕也只有此了。再说，媚雅者关心的，本非诗人，而是自己的“雅”，求仁得仁又何怨？

《明亮的星》在戛纳放映后，有媒体称：跟16年前的《钢琴课》相比，本片更像是一个美术与技术基础功底相当扎实的新人拍出来的东西，很难想象，当时已经55岁的简·坎皮恩在经历过多部作品的实验失败再沉淀后，送来戛纳的作品竟只是这样平平淡淡的少女怀春日记。

另有一种批评，我却并不认同。有论者指出，电影对范妮得知济慈死讯后的场面处理不当：范妮失声痛哭，几近歇斯底里。这种号啕大哭在表演上过了，也有悖电影的唯美风格。范妮的真实表现如何已不可考，我也不懂表演艺术，但对此种批评还是心存疑虑：含蓄克制就一定比号啕大哭更有艺术性？

我所知道的是，面对深爱的人的辞世，深切的哀痛是一样的，但表现的方式却因人、因场合而千差万别。比较“凝神默哀”与“失声痛哭”的雅俗，是某些艺术家的兴趣所在；而在真实的生活中，我们在意的是悲哀而非悲哀的姿态。艺术与生活的另一个不同点是：导演可以对悲哀含蓄地点到为止，评论家可以鉴赏姿态，观众可以快进甚至跳过，但在生活中，我们都必须一分一秒、一点一滴地面对自己的痛苦，无处可逃。

看不见的门

法国作家于贝尔·尼桑的小说《看不见的门》中，一位女演员出演一部同名舞台剧。据说她在感情方面刚刚遭受了一次沉重的打击，几乎难以恢复。巧合的是，她的经历与剧情颇为相似，于是她在戏中回味自己的经历，而闭幕后，她依然沉浸于自己所扮演的角色，戏剧与生活由此合而为一。她进入了艺术家梦寐以求的境界，跨过了生活与艺术那道看不见的门。但是高昂的回报总伴随巨大的代价：演出中止，女演员被一家疗养院收容。

跨过那道看不见的门，使自己的人生成为“艺术人生”，是许多艺术家一生的追求。但残酷的真相是：当生活与艺术合一时，艺术家并非同时拥有两者，他们将自己的一切作为祭品献给艺术之神，被抽空的现实生活往往只剩下荒芜与杂乱。

美国电影《黑天鹅》中，芭蕾舞演员尼娜为了饰演与自己性情、气质几乎完全相悖的黑天鹅，通过种种方式去接近、体验这一角色，最终完成了由白天鹅向黑天鹅的蜕变。但白天鹅依然执着而完好地保存在她的内心，与黑天鹅一起撕扯她的心灵，毁坏她的生活，直至最终将她毁灭。她体验到了完全融入艺术的最高境界，付出的代价则是生命。

在生活与艺术的搏斗中，艺术取得了绝对的胜利。“为艺术而艺术”，将艺术作为终极目的，极易陷入如此危境。但白天鹅与黑天鹅完美的统一，却是永恒的诱惑，吸引艺术家们飞蛾扑火。此类题材，也得到不少小说家、戏剧家、电影导演的青睐，以不同形式演绎出天鹅绝唱。

此类作品，尽管有种种复杂、纠结、分裂，但毕竟是天鹅，总体呈现出优雅、精致、轻盈的艺术美感。而另有些同样主题的作品，却有所不同。电影《霸王别姬》中的程蝶衣，“不疯魔不成活”，人戏不分，是又一个尼娜。

与《黑天鹅》的华美精致相比，顾长卫的电影《立春》则质朴得多。《立春》中也有两位尼娜。一位是痴迷芭蕾的胡金泉，被小城的人们视作异类，最终选择了监狱作为自己的容身之所。另一位是能出色演绎歌剧的王彩玲，平庸甚至丑陋的外表下，包裹着尼娜式优雅而追求完美的内心。王彩玲最终的选择是向生活妥协。此处，生活战胜了艺术，或者将艺术关进牢笼，或者逼其退隐至暗处。对大多数人来说，这才是真实的人生。只是，生活真的是永恒的胜利者吗？电影显然并不急于提供答案。

艺术之外，还有人生；自我之外，尚有世界。一味在自己的小世界里低回，也就在自我与真正的世界间筑起了一道看不见的门。

一首诗的诞生

一首诗究竟是怎样诞生的？

罗马尼亚女诗人安娜·布兰迪亚娜在诗歌《歌居住在我的身上》[①]中这样写道：

我不知它何时来，
也不知它何时走，
不在我身上时，
它又在时间的哪个地方。
我的命运便是等待
那奇特瞬间的雅兴。
让一首歌居住，
被一首歌遗弃，
甚至为一首
陌生而亲爱的歌守寡。
我接受你们的月桂树叶，
就凭这样的恭顺：

① 布兰迪亚娜. 安娜・布兰迪亚娜诗选 [M]. 高兴，译. 石家庄：河北教育出版社，2004.

对它保持忠诚
直到永永远远。

获得过诺贝尔文学奖的智利诗人聂鲁达在《诗歌》中也说，他不知道诗歌来自何方，来自冬天还是来自河流；也不知道它是怎样与何时到来的。但当诗歌跑来找他时，他似乎听到了某种神秘而伟大的召唤，于是他这本来“无限小的存在”，突然间就看见了“脱了壳的、敞开的天堂，行星，颤动的森林，镂空的阴影，箭矢组成的谜语，火焰和花，席卷一切的夜晚，万物”，让未曾被召唤过的我们羡慕不已。

以我极为有限的写作经验来看，诗歌必须依凭灵感，但灵感并不来自某个神灵，而是来自自己的生活积累。体验，沉淀，酝酿，迸发——数月、数年，甚至漫长的一生，或许只能凝结成极少的晶莹的诗句。据说有些作家能很有规律地安排自己的写作时间，比如上午几点至几点，写作多少字。这种方式或许适合其他文类，但绝不适合诗歌。诗的创作当然也包含着技艺，但那绝非填格子般的工业流程，而必定是俄国女诗人茨维塔耶娃所说的“手艺”，必须像手艺人一样，在“崇高而庄严的沉默”中，耐心地编织出诗歌的韵律。

那么如何才能从灰色迷雾般的生活中结晶出如上天恩赐般美好的诗句？

在韩国电影《诗》中，一位诗人这样启发他从未写过诗歌的成年学生：仔细观察一个苹果，翻来覆去地看，触摸，想象阳光如何穿透它……然后拿出洁白的纸与削得很好看的铅笔，等待第一句诗。

我们还可以按照诗人的教导继续想象：洁白透明的花瓣；一粒小小的青果；整整一个春天的明媚的阳光、温柔的风、润物无声的细雨，还有果农的劳作和期盼，将这粒小小的青果变成我们手中这个圆满的果实……诗的诞生，想来也类似于此。

《诗》中，从未写过诗的老太太杨美子，在灯下拿起一个苹果，仔细观察，然而诗句并未到来。她按照老师的教导，更用心地观察、聆听与品味世界，记录零碎的感悟：鸡冠花的痛苦而热烈的鲜红，树叶的低吟，掉落地上的杏子的甜美，湖面深蓝的细密涟漪上一顶飘落的白色帽子……

这些细碎的诗思，与杨美子内心深沉的痛苦一起凝结成一首告别的诗。这是她一生唯一的诗。而班上的其他学员，都未能交出自己的第一首诗，他们有些尴尬地解释说，这太难了。老师的回答是，并非写诗难，而是拥有写诗的心很难。

杨美子的内心中，一直回荡着诗歌的旋律，她喜欢花，喜欢说些别人认为不着边际的话；她迷恋洁净和美；她正直，善良，在冷漠自私的人群中，坚持按自己的道德标准行事。从某种意义上说，她一直生活在纯真的诗歌世界。

以聂鲁达的意大利流亡生涯展开想象的电影《邮差》，同样是一部关于诗歌与普通人的杰作：诗人应他的邮差——一个渔民的请求，教其写诗：试着到浅海边去漫步，留意你的周围，然后，第一个隐喻就会出现……邮差其实并没有学会写诗，但他还是凭借真诚的心赢得了所爱姑娘的芳心。电影结尾处，邮差留给诗人的礼物如此特别，是他录下的小岛上的声音：

> 第一，是海湾的海浪声，轻轻的；第二，海浪，大声的；第三，掠过悬崖的风声；第四，滑过灌木丛的风声；第五，爸爸忧愁的渔网声；第六，教堂的钟声；第七，岛上布满星星的天空，我从未感受到天空如此的美；第八，我儿子的心跳声。

而他一生所写的唯一的诗，为聂鲁达所写的一首关于海的诗，则轻轻飘落在风中，并未展示给观众。伴随着片尾字幕一起出现的，正是前文所提到的聂鲁达的那首《诗歌》。

这些电影给我们的重要的启示或许是：当我们能听见自然那些有声或无声的韵律时，当我们能感受美与爱时，诗便已来到我们心中，而是否能将其凝铸成优美的文字，已不再重要。

晚窗分得读书灯

清晨三四点，隐约听见楼下有玻璃轻轻碰撞的清脆声音——送牛奶的工人已经开始忙碌了。

大多数人此时尚在酣眠中；也有不少人刚刚关上灯，暂别书本或网络中的“虚世界”，结束他们的一天。而牛奶工一天的“实生活”已经开始。

日本电影《牛奶女工》，讲述了一个普通的送奶工的故事。她每天清晨送牛奶，白天在超市当收银员，晚上则卧床读书。她的客厅，三面墙都是满满的书。电影镜头在那些书的书脊上缓缓移动，久久停留，如带着爱意的眼光或一只温柔的手。我不懂日文，只看到有影评提及她读的书中有陀思妥耶夫斯基的《卡拉马佐夫兄弟》。这部电影另有一个雅致的名字《何时是读书天》，足以吸引爱书的人。

女工爱读什么样的书？陀思妥耶夫斯基显然不是她们通常的选择。但这可能只是人们的偏见，普通读者中自有许多真正的爱书人。与那些专业人士不同，他们读书全凭性情与兴趣。书城中那些或坐或立数小时，甚或废寝忘食，只恨书城营业时间太短的读者，从某种意义上说，方为真正的读书人——不为稻粱，不为炫耀，甚至不为学问，只为读而读，全与功利无涉。

法国小说《刺猬的优雅》中，就有这样一位读书人。她人到中年，脾气暴躁，以看门谋生。看门人的职业、那间小小的门房、暴躁的脾气、适合一个门房的平庸生活，其实只是她的伪装，是保护“脆弱”和“优雅”的刺。以电视肥皂剧作为背景音，她阅读谷崎润一郎的《阴翳礼赞》。那间充满庸常生活气息的外室，隐藏着一个藏书丰富的内室，那才是她真正的家，是孤独的她真正的藏身之所。

有意思的是，《何时是读书天》与《刺猬的优雅》中都暗含一条爱情主线。人们对爱情的兴趣终究高于书籍，但对书籍的爱又何尝不是一种忠贞的爱情呢？许多激情转瞬即逝，而对书籍的爱，则可以持续一生。

电影和小说毕竟离“实生活”甚远。十多年前我曾多次遇见一位年轻人，从穿着判断，他可能是个装修工人。他每次以同一姿势出现：左手推自行车，右手将书高举至眼前，目不斜视，旁若无人。我很为他的安全担忧，也好奇是什么书让他如此着迷。有一次机缘凑巧，我看清了他的脸——那爱书成瘾者常有的黑眼圈，那在“虚世界”中流连的迷离目光；随即我看清了书的封面，“鬼吹灯”三个字赫然在目。那段时间在书城中，吸引读者较多的，也正是这类玄幻恐怖小说。

有一次在晨光熹微中出门，终于见到了那一向只闻其声的送奶工——与《何时是读书天》中一样，也是一位容貌普通的瘦弱女子。我还是忍不住好奇：她过着什么样的生活？如果夜晚在灯下拿起一本书，会是什么书呢？

白杨何萧萧

努里·比格·锡兰导演的电影《安纳托利亚往事》，2011 年获戛纳电影节评审团大奖。

这部时长两个半小时的土耳其电影，情节非常简单，核心事件为寻尸：检察官、法医和几名警察带着两名嫌疑人找寻尸体的藏匿之处。虽涉及凶杀案，但与一般的刑侦悬疑片不同，《安纳托利亚往事》没有跌宕起伏、扣人心弦的故事，以看似冗长松散的对话，带出了检察官、法医、警官等人的复杂人生，动乱腐败的社会环境，令人失望甚至绝望的残酷现实，平静的镜头下暗藏波澜。

这样一部沉重的电影，却又富有诗意和哲理，看完后，观者不仅有对“罪与罚”的思考，也能获得审美的享受、心灵的升华。

在寻尸的过程中，有不少无聊的等待时刻。在这样的时刻，锡兰用自然来填补空隙。比如风吹白杨树叶的声音，比如一个苹果落下，沿着溪水滚动……这些画面和声音看似与情节无关，但锡兰却舍得用电影中如此宝贵的两三分钟去捕捉一处小小的自然之美。

据嫌疑人回忆，埋尸的田野上，有一株白杨树——白杨树因此成为死亡的标志物。我国的《古诗十九首》中，也有“白杨多悲风，萧萧愁杀人”“白杨何萧萧，松柏夹广路”之句。白杨树似乎自带忧伤，古人多于墓前栽植，风吹则瑟瑟如雨声。周作人曾在《风的话》中这样描述：“到得春季长出成千万的碧绿大叶，整天在摇动着，书本上说它无风自摇，其实也有微风，不过别的树叶子尚未吹动，白杨叶柄特别细，所以就颤动起来了。戊寅以前老友饼斋常来寒斋夜谈，听见墙外瑟瑟之声，辄惊问曰，下雨了吧，但不等回答，立即省悟，又为白杨所骗了。戊寅春初饼斋下世，以后不复有深夜谈天的事，但白杨的风声还是照旧可听，从窗里望见一大片的绿叶也觉得很好看。”老友故去，白杨仍在——无尽感慨，尽在这平淡甚至琐碎的叙述中，与锡兰的电影颇有相通之处。

锡兰还用一个长镜头去跟随一个从树上掉落的苹果：苹果缓缓地滚下草坡，掉入小溪，又随着小溪顺流而下，直到停在小溪中间……苏轼曾称赞唐代一位画家画水之高妙：“与山石曲折，随物赋形，尽水之变，号称神逸。”锡兰的这个让苹果显出水之清、水之变的长镜头，也当得起“神逸”二字。另外，这个关于苹果的镜头洋溢着田园诗般的诗意，让人想起塔可夫斯基导演的电影《伊万的童年》中的梦幻场景：满载苹果的卡车在雨中飞驰，伊万和小女孩幸福的欢笑，雨水冲刷下闪闪发光的苹果，卡车驶入河滩，苹果洒落一地，几匹骏马在啃咬苹果……塔可夫斯基是锡兰钟爱的导演，这个关于苹果的镜头，不知道是不是锡兰用来向他心中的大师致敬的。

有论者指出苹果在《安纳托利亚往事》中的隐喻性：圆润清香的苹果一路跌跌撞撞顺坡而下掉进水沟里，直到没有出路，默默地等待腐蚀，如同村长家明艳照人的小女儿的美，只能白白浪费。但我们也可以反过来理解，毕竟那美曾经真实地存在，光芒四射，温暖人心。村长的小女儿在黑暗中持灯出现，有如光明女神，给昏昏欲睡的痛苦的人们带来美与爱，他们吃惊地望着她，意识到与自己所处的世界迥然有别的另一个世界，茫然若失，甚至感动流泪。小女儿又消失在了黑暗中，但美的力量持久地存在着，连迟钝漠然的警察，也在离开村庄后对她的美念念不忘。而熟悉契诃夫作品的读者，也会在村长的小女儿身上看到契诃夫小说《美人》中那个亚美尼亚人家的姑娘玛霞的影子。

锡兰曾说起契诃夫对他的深远影响："契诃夫教我怎样看待生活，怎样对待生活。基本上他的故事，我都读了，而且很多遍。他有着独特的视角和方式。对他而言，每一个人都有故事，而且与众不同。我的电影里面，都可以看到契诃夫的影子，都携带了一些他的特点。"《安纳托利亚往事》中的法医是最重要的角色，影片中他始终在场，许多关键情节，都是以当事人与他的对话展开的，比如检察官的妻子自杀、警官的儿子患病等。这位冷眼旁观，但心中时有温情涌动的医生，颇像兼具医生与作家双重身份的契诃夫本人。

超越情节与技巧的，还是丰厚的文学素养与深邃的哲学思考，小说如此，电影也如此。

第五辑

废墟之上，仍有火光

永恒的时时刻刻

一

多年前在书店的一个不起眼的角落，发现了这本《时时刻刻》[①]，马上想起之前看过的关于吴尔夫的同名电影。看了封底的介绍，确信是电影的小说原著。我一直偏爱这类作品：一位写作者用虚构方式写另一位写作者。另如爱尔兰小说家科尔姆·托宾的《大师》，是关于亨利·詹姆斯的小说；杰米·富勒注释的《孤独是迷人的》，是关于艾米莉·狄金森的日记体小说。作者往往对所描写的对象有全面细致的了解，然后艺术地从其生活中选取特殊的片段，和作品勾连，并加以文学性的想象和解读；同为写作者，作者对描写对象的创作甘苦，比普通读者又多了许多切身的体验。读者和作家的双重身份，使这类小说对人物往往有深入细腻的刻画，对作家和世界的关系，也常有中肯的解读，因此对以写作为生命意义的特殊人群，似乎有一种特别的吸引力。

不过，如果想要从小说中去了解吴尔夫或亨利·詹姆斯的真实生活，所得恐怕有限。传记或亲友的回忆性文字，当是更好的参考资

① 坎宁安. 时时刻刻 [M]. 王家湘，译. 南京：译林出版社，2008.

料。但什么才是“真实”呢？卡夫卡的好友、《卡夫卡传》的作者马克斯·勃罗德向我们描述了一个朋友眼中侃侃而谈、开怀的笑声简直无休无止的“健康的年轻人”。这个健康向上的年轻人，和那个阴郁绝望的写作者，哪一个才是真正的卡夫卡？而在他人回忆录中自负而虚荣、轻浮而冷酷的诺贝尔文学奖获得者，与那个温柔而深情的写作者，哪一个更接近真正的蒲宁？我的回答倾向于后者。一个真正的写作者，必然致力于通过文字构建一个自己的世界，只有在那个世界中，他的心灵才像荒野一样敞露。而亲友所接触的写作者，其实是一个被迫离开自己的世界、努力扮演“常人”的演员。这样一个未必成功的演员，和一个真诚、无矫饰的写作者，哪个更接近“真实”，答案不言而喻。

从此意义上说，着力描写人物的写作生活（有些直接描述写作过程、心灵状态，有些则描述构成前者的生活背景），挖掘人物心灵世界的虚构小说，其真实性高于描写人物生平经历、外部生活的传记。而那些津津乐道于作家性史、以为肉身是通往心灵的唯一正途的传闻逸事，则只会让我们离“心仪”的作家越来越远——在心灵的向度上。

正因为此，《大师》的译者柏栎说，这并非詹姆斯真实生活的写照，但翻译完此书后，他再也不关心詹姆斯的真实生平。出于同样的原因，迈克尔·坎宁安评价《大师》“使我们震惊地贴近了亨利·詹姆斯的灵魂，进一步讲，则是贴近了艺术本身的秘密”。这也正是他写作《时时刻刻》努力贴近的目标——吴尔夫的灵魂和艺术本身的秘密。

二

小说中最值得关注的，当然是吴尔夫。这位具有令人惊叹的“明月般光辉的”女性，具有“端庄和枯槁之美”的女性，年轻时如一尊白色玉石雕像，中年之后则变成了“多孔的灰白色大理石”雕像。作者如见过江南的太湖石，那“瘦皱漏透”、被岁月侵蚀得千疮百孔的灰色石头，是否会想象那正是吴尔夫的精魂所化？

外貌的变化，折射出的是心灵的隐痛。岁月和病痛，如灰蓝色的、深广至不可测度的海水，逐渐侵蚀了洁白坚实的玉石，使之多孔并沾染上灰色。小说以“The Hours”为题，译者取“时时刻刻”而非“岁月”“时间”，当是强调时间由时时刻刻堆叠而成，且永不停止，其中包含着深广的焦虑、忧伤和叹惋，与东方古老的咏叹相通：“逝者如斯夫，不舍昼夜。”

比岁月更难抵御的是自身的病痛。比常人更敏感的诗人群体（从本质上说，许多作家均为诗人，只是以不同的文体书写自身的诗性），对痛苦格外敏感。多年来，他们为自身某种特定的痛苦所困扰，并一直在学习与之共处。但他们敏感的心灵并不因之而迟钝麻木，或者说是诗人的天性阻止了他们以钝化为代价来消解痛苦。于是他们学会了给痛苦分类，赋予其具体形象。他们感受和记录痛苦，正如同他们感受和记录生活，两者渐渐融而为一。

小说这样描写一次袭击吴尔夫的头痛：

疼痛征服了她，很快越来越多地取代了原来的弗吉尼亚，它强有力地推进着，锯齿形的轮廓如此清晰，使她不得不以为它是拥有自己生命的独立存在物。她和莱昂纳德在广场散步的时候可能会看见它：一团银白色的闪烁着的东西漂浮在圆石路面上，有不规则的尖形突出，形状不固定，但是很完整，活像一只水母。“什么东西？”莱昂纳德会问。“我的头痛。”她会回答说。“请别理睬它。”

疼痛不但具有形象——“锯齿形的轮廓”“一团银白色的闪烁着的东西”“活像一只水母”，它还获得了独立的生命，仿佛是和吴尔夫对立的某种东西，正试图以其锐利的尖形突出，深入吴尔夫体内，逐渐取代原来的她。如果说围墙上的锯齿形玻璃碎片代表的是防御，那么此处的锯齿则代表着攻击。

试图攻击并取代吴尔夫自我的，究竟是什么呢？小说中有这样的暗示：吴尔夫在幻觉中听见了一个声音——一个男性的声音，“老气横秋，令人厌恶”，“声音中充满了怒气、指责、失望”。那个声音往往含混不清，不过她清晰地听见了两个单词，一次是“抛”，两次是“在下面”。被男性世界“抛在下面”，这是否即吴尔夫最深的恐惧？

我们很容易联想到吴尔夫的经历。她出身于一个文化修养极高的家庭，但父亲仍囿于俗见，只送家中的男孩上学深造，而吴尔夫和姐姐则留在家中由父母教育。虽然这并不妨碍吴尔夫成为一个博览群书，并具有强烈自我意识的出色女性，但她对此一直不能释怀，于是女性如何才能拥有“一间自己的屋子”，成为吴尔夫终生关注的论题。

虽然人们往往将吴尔夫视为女权主义的先驱人物，但吴尔夫自身对写作中的女性意识的态度却颇为微妙。在《美国当代小说漫谈》中，吴尔夫曾这样谈论作品中的各种意识：

我们的女作家现在也有了自我意识，特别是已充分意识到自己的性别特殊性；而正因为这样，她们也特别容易怀疑男性是不是仍然轻视她们，所以动不动就心怀不满，以图报复，而且在艺术上拼命追求女性独特的表现方式，以示女性不可侵犯的独立性。因此，在这两种相似的情况下都存在着各种与艺术无关的意识——如自我意识、种族意识、性别意识、文化意识，等等——而当作家受到这样的意识干扰时，其结果——至少在我看来——是很不幸的。

当她谈及美国作家舍伍德·安德森时，她称赞其进入人性深处，“忠于事物本性”，创造出自己的小说世界——给这样的小说贴“现代”或“传统”、“欧洲”或“美国”的标签都不合适。由此可见，吴尔夫欣赏的创作境界，是独立地、不受各种意识和标签干扰、忠于人性（包括他人和自我）、忠于事物本性地去创造出一个自己的世界。和此相对立的，即那个男性的声音。这个声音只是个象征，并不必然地和男性相关。对一个男性来说，这声音可能会变成女性尖细刺耳的声音。这声音代表了侵扰那个独立的艺术世界的一切，既包括外部的一切强力——政权、战争、男性（女性）等，也包括自身那些偏离自我的、无法自控的偏执与疯狂。而这些，正是吴尔夫头痛的根源所在。

而吴尔夫之所以在随笔中多处谈及女性问题，是因为女性在生活和写作中都受到了男性世界的无所不在的压迫；她重视女性自我意识的觉醒，是因为当时的大多数女性都缺乏自我意识。她所希望的是，能忠于自我的本性，自然地生活和写作。无论是男性意识还是女性意识，自我意识的匮乏还是过度强调，外部还是自身，都不应当侵扰真正的自我，侵扰自我所能创造的那个独立的世界——对吴尔夫来说，即一个完美的小说世界。如她在《现代小说》中所说：“传达这变化万端的、这尚欠认识尚欠探讨的根本精神，不管它的表现会多么脱离常轨、错综复杂，而且如实传达，尽可能不羼入它本身之外的、非其固有的东西，难道不正是小说家的任务吗？”

再回头来看常年困扰吴尔夫的头痛。那痛苦里包含着一种无时无刻不在的焦虑和恐惧：为外部的强力所吞没，为那些潜伏的疯狂所吞没。后者显然是本源性的、来自生命初始的恐惧，因而也更强大。最后吞没吴尔夫和终止其艺术创作的，也正是后者，准确地说，是对后者的恐惧：“我觉得我们无法再一次经受那种可怕的时刻。而且这一次我也不会再痊愈。我开始听见种种幻声，我的心神无法集中。因此我就要采取那种看来算是最恰当的行动。”吴尔夫遗书中的这段文字，是她对丈夫和世界所做的最后的声明。

对痛苦的敏感超越了时间、空间、性别和年龄的界限，成为写作者的集体痛觉。但每个人的具体痛感又千差万别。筱敏在《幸存者手记》中这样描述一种持续的头痛：

这种痛在很深的地方，自己完全抚摸不到，这种痛把颅腔充得很满，有时候需要用手使劲按压，把即将奔突而出的疼痛压回去。

它有时把他箍紧，有时要把他锯开，有时像利齿在嚼他已经风化的骨头，有时是一条分岔的长舌穿过他的颅骨，舔食他的脑子，有时像头颅深处长出一丛蒺藜，果籽熟了，密密麻麻都是尖刺。

痛的原点很深，完全触摸不到，因此无法以抚摩减轻其痛楚；痛四处漫溢，且并未在漫溢中消耗减弱，它像一个兴奋的孩子，四处出击。与吴尔夫相同的是尖锐的刺痛，其对应的形象却比“锯齿形的轮廓”“不规则的尖形突出”更加细密——“一丛蒺藜，果籽熟了，密密麻麻都是尖刺”。小说中的人物当然并非作者，但这样的痛却必定是亲身经验，方可化为这般深重的文字。

经受这样的痛当然是不幸的。人由此可分为两类：“痛者”与“非痛者”。痛者必须孤独而坚忍地和时间搏斗，和痛苦搏斗，两者一样漫长，也一样“时时刻刻”。在长久而寂寞的搏斗中，痛苦化入痛者的生命，使原本可能麻木的生命多出一种敏感的器官，使原本可能轻飘的生命拥有重量与密度。——这是否也可以视作某种幸运？

在《牛汉诗选》代自序中，牛汉描述了他的“咯吱咯吱地咬着牙关”为他承受厄运的骨头，还有“时刻都在隐隐作痛”的手，几十年来，他就是用这双手写诗，“写一行诗一个字都在痛”。他将这些疼痛的骨头以及皮肤上、心灵上那些痛苦结成的伤疤，视作命运赐予他的、非痛者所不能有的感觉器官，倍加珍惜。

这痛苦首先是器质性的，它往往对应于身体某个具体的部位。在漫长的时光中，它深入身体的组织结构，更渗入心灵不可触摸的幽深处，逐渐从生理性病痛蜕变为心理性痛觉。或许它的本原正是蛰伏于生命底层的、如本能般原始而强大的某种缺憾、热情与渴望，如牛汉所说，那些伤疤“有如小小的隆起的坟堆，里面埋着我不甘幻灭的诗和梦”。诗和梦是柔弱的，与坚硬的现实相撞，必然伤痕累累，又因其柔弱和敏感，将伤痛放大和强化；诗和梦又是固执的、“不甘幻灭”的，向外突破遭遇挫折，便内化为缠绕的痛苦，这痛苦逐渐获得生命，长大成形，占据身体某个部位，有时甚至化为身外的某个物象，即吴尔夫所说的“拥有自己生命的独立存在物”。“别理睬它”是无用的，因为它时时刻刻都理睬你，以锐利的疼痛提醒你它的存在。

无论是幸抑或是不幸，珍惜抑或是痛恨，病痛均成为痛者立足世界的原点。作家聂尔在《道路》中这样评价其疾病的意义：“我的疾病是我生命最重要的基础，我的所有一切，我的恐惧，我的奋斗，我对生活的认识和我的生活方式，都是从我的疾病中生长出来。”病痛将痛者从人群中分离出来，他们凭借一星一点的痛苦的痕迹——额头一条若有若无的细纹，微笑中暗藏的一丝忧伤，眼圈那隐隐的黑色——就可以辨认彼此，他们是真正的知己，即使隔着不可逾越的时间之海。病痛使聂尔对尼采和卡夫卡的理解“达到了前所未有的忠恳和深刻”。在二十岁以前，他或许还曾抱怨自己的命运；二十岁以后，他毫无愧悔地接受，甚至虔诚地热爱上了命运，这命运中，当然包括，准确地说，首先和主要是不可改变的疾病：“永恒的疾病引领我。”

永恒的痛苦引领痛者。

三

小说中最值得关注的人物是吴尔夫，但最吸引我的却是平凡的家庭主妇劳拉。

小说中关于劳拉的部分，均冠以“布朗太太”的标题，而叙述时则只用她的名字“劳拉”。

这是一个颇有意味的安排。她想要恢复的，是“劳拉”这个身份；她一心想要逃离的，是“布朗”这个姓氏及其意味的一切：家庭、孩子、母亲和妻子的责任、正常的生活、社会习俗和规范……当她耽溺于书卷中时，她必须“时时刻刻”提醒自己：“她现在是劳拉·布朗了。劳拉·奇尔斯基，那个独来独往的女孩，那个时时刻刻在读书的人已经不复存在，此刻在这里取代她的是劳拉·布朗。”困扰她的也是“时时刻刻”，她时时刻刻想读书，但世界时时刻刻提醒她一切，除了读书。

可惋惜的并不是父姓的失去，甚至名字的失去也并不足惜。可憎的也并不是强加的夫姓，因为那毕竟也只是一个外在的符号。吴尔夫并未因“斯蒂芬”的父姓获得一个自立自足的身份，因父姓而获得身份和权利的，是她的兄长。当她以“吴尔夫”的姓氏开始婚姻生活和继续写作生活时，也并未因此失去自我。后世的人们阅读吴尔夫时，并未特别注意到“吴尔夫”是夫姓，他们所阅读的是弗吉尼亚其人其文。她用自己的文学成就使吴尔夫变成了她的专属符号，人们说及“吴尔夫”时，指的是吴尔夫夫人，而并非吴尔夫先生。后者只是作为前者的丈夫、文学遗产整理人，才引起了人们的关注。

劳拉没有吴尔夫的天分和才能，因此她无法使“布朗”归附自身。在现实中，她只能归附“布朗”，以布朗太太的身份，做布朗太太该做的一切。这对许多人来说并非难事，她们驾轻就熟，甚至乐在其中。担负起自我是沉重的，它意味着必须独立地去生活和思考；依附于一个姓氏，无论是父姓还是夫姓，或一幢房子，一个家庭，每天固定的那些家务琐事……则意味着你的时间和思想都有了归属，你不再彷徨无依。那个痛苦地寻找意义的自我像灰尘一样被日日清扫，或者像过时的衣物被收进某个不见天日的角落。

但劳拉并非那许多人中的一员。她是一个痛者。她的痛没有具体的名称和形态，因而更难把握，也更难驱除。那是一种心灵的隐痛，一种来自异域、漂泊于一个不属于自己的所在的痛苦。小说这样描述劳拉的容貌——“长得像外国人：两只离得很近的黑眼睛和一个高鼻梁的鹰钩鼻，从来没有人追求过她或把她当个宝”。显然她并不是一个以美貌吸引人的年轻女子；她也从未像一般女孩那样一心想吸引别人，甚至将此作为生活的意义。她有她的世界——读书。而平凡的容貌成为她最好的掩体，“人们从来都让她独自待着看书”。

比起平凡的相貌，劳拉更值得被关注的特征是“像外国人”。在美国，有来自世界各地、各种肤色、各种外貌特征的人；在这样一个不断吸纳外国移民的国家，什么样的人会让别人觉得像外国人呢？答案只有一个：她不像这个世界的人。她只迷恋书本，沉浸于不切实际的幻想。当有人将她从书本中唤醒时，她茫然而不知所措的眼神，向人们暗示着她被强行带至一个不属于她的陌生世界。杜拉斯的《情人》使许多人念念不忘，而我却钟爱一个只占据一两千字篇幅的女性形象——贝蒂·费尔南代斯。“人们不知她来自何方。所以说她只能是从异域而来，来自外国。她美，美即出于这种偶然。”劳拉未必有贝蒂那样的美雅，但那种来自异域的气质却是相同的，她们似乎是偶然间离开了自己的世界，落入此地，进入我们的视野。

这种气质吸引了一个从战场归来的英雄。他其实只是一个好脾气、好心肠的普通青年，因为命运的捉弄，成了一个死而复生的英雄；同样是命运的捉弄，他爱上了最好的朋友的姐姐，一个像外国人的书呆子，而他本可以娶“任何活泼可爱且性情温顺的姑娘”。死而复生无疑是一种幸运，爱上劳拉则无疑是一种巨大的不幸，足以抵消前者，对他，对劳拉，都是如此。在劳拉抛下他和一双儿女，离家出走后的那些岁月里，在他挣扎着活下去的那些岁月里，他会如何看待自己的命运呢？他是深爱劳拉的，说他将劳拉视为生命也不为过；儿子也是深爱母亲的，因此他才一生都未能走出母亲出走所留下的阴影。但他们不知道劳拉想要什么，因此也不懂得如何去爱她；即使知道了也无济于事，因为他们所要求的，正是她想逃离的。

而劳拉的不幸则在于，她不能像吴尔夫一样拥有一个“我”的世界，也不能像一般的主妇一样拥有一个“我们”的世界。她只有一个书本为她隔出的世界，可是那些纸张终究是脆弱的——不像吴尔夫的“灯塔”或“一间自己的屋子”，卡夫卡的“城堡”或“地洞”——抵挡不了外界的侵入，因此她“怎么能够拒绝一个英俊的、好心肠的青年，一个几乎是家庭的一员、从死者的国度里回来的青年”。但“她还没有做好准备；面临的任务（穿上晨衣，梳头，下楼到厨房去）依然太不愉快太难捉摸”。她终于“刷完牙，梳好头，开始走下楼去”。“在还剩几个梯级的地方她停了下来，侧耳倾听，等待着；她再度被一种梦幻般的感情所控制（好像越来越厉害了），仿佛自己站在舞台旁的侧厅里，马上就要登台，在一场戏里演出，但是她穿的服装不恰当，排练也不充分。”而其实她所要做的只是为丈夫的生日去买一束花，烘烤一个蛋糕。这样一个平常的早晨，将是她所有早晨的缩影。这正是她最深的恐惧，比失去生命还可怕：在一个陌生的舞台上拙劣地表演。在自杀未遂后，她终于选择了逃离，在远离家人的多伦多安顿下来，做一名图书馆管理员，独自生活。她终于可以心安理得地只和书本待在一起。

她真的可以心安理得吗？小说结尾，在她离去以后所有挣扎着生存下来的人都去世以后，她还活着；在前夫死于肝癌、女儿车祸致死以后，她还活着；在儿子理查德跳窗死在一片碎玻璃渣之间后，她还活着，孤独地活着。对此，她没有做任何解释。她又能做何解释？“我们尽了最大的努力了，亲爱的。谁都只能做到这一点，不是吗？”她对一直尽心照顾理查德的克拉丽莎如是说。

劳拉吸引我的或许正是她的不幸。她的不幸正是我们共同的不幸。我们和她一样平凡，却在心底藏着许多“不甘幻灭的诗和梦”。这是劳拉严格保守的秘密，是我们未必自觉的，因此连保守也无须的秘密。它无声无息地隐藏在心灵最隐秘的角落，从不显露，却也从未泯灭。因此我们可以原谅劳拉的冷酷——作为母亲的冷酷，作为妻子的冷酷。她尽了力；然后她做了我们渴望却未必有勇气做的事。

小说以克拉丽莎的话结束：“进来吧，布朗太太，一切都准备好了。”无论劳拉如何隐身于一个遥远的城市，隐身于迷宫般的图书馆，过去的生活都不可能了无痕迹，她将永远是（至少部分是）“布朗太太”，永远背负内疚。在生活的起点，必须勇敢地做出抉择——是“劳拉”还是“布朗太太”——这是劳拉漫长而艰难的一生给我们的启示。

四

观看根据《时时刻刻》改编的电影，是在我读到小说原著的几年前。因为相隔已久，所以阅读小说时并未常做比较联想，这使我的阅读保持了一种纯粹的状态。

读完小说后，我久久沉浸其中，什么事也做不了，忍不住找出电影来看。只看了几个片段，就无法继续。电影里的那些演员，即使演技再出色，也无法与我心中的那些形象吻合。可当我躺在床上回想小说时，那些演员的形象又和小说中的形象交织在了一起。

这种纠缠或许正是我们时时刻刻所面对的困境。小说对应的是心灵世界，是心象；电影对应的是视听世界，是物象。我们艰难地行走，在心象与物象的交织纠缠之间，在“劳拉”和“布朗太太”之间，在幻梦与现实之间，时时刻刻。

值得一提的是，据译者介绍，《时时刻刻》的小说和电影在美国都取得了商业上的巨大成功。这是否可以印证一点：小说中的“时时刻刻”，也正是人们共同的“时时刻刻”？那些痛苦和困惑，正是人们共同的痛苦和困惑？

小说结尾的一段文字，当是小说主旨所在；我所能体会到的，也尽在其中。

我们举行了晚会；我们抛弃家庭独自到加拿大生活；我们尽管才华横溢、做出了不懈的努力、怀抱着最奢侈的希望、奋力创作，但我们的书并不能够改变世界。我们过自己的日子，做不论什么事情，然后便睡觉——就这么简单平常。我们之中少数人跳楼、投河、服药自杀；稍多的人死于意外事故；大多数人、绝大多数人被某种疾病缓慢吞噬，或者如果我们极端幸运的话，则被岁月本身吞噬。唯一的安慰是：不是这里就是那里，尽管面对极大的困难、完全出乎预料、我们的生命似乎会有那么一个时刻突然绽放开来，给予我们所期望的一切，虽说除了孩子（也许连他们都包括在内），谁都知道这些时刻的后面不可避免地会出现其他的时刻，黑暗得多也困难得多的时刻。但是我们仍然珍爱这座城市，珍爱清晨；我们更加希望的是得到更多期望的一切。

只有老天才知道我们为什么会这么热爱它。

光照在黑暗里

冒着生命危险作画

一个偶然的机会，读到这本凡高给弟弟提奥的书信集《亲爱的提奥：凡高书信体自传》[①] 中的一个片段，有一种被猝然击中的喜悦。或许“喜悦”一词并不恰当，准确地说，是“悲欣交集”，是最深的激情与宁静相互缠绕，如海洋深处的旋流，如凡高笔下的星空。它“撄人心”，激起一种悲哀而深刻的情感，使你从死水微澜的日常生活中一下跳脱出来，不能安眠。但你又感受到一种许久不曾有的宁静，生活里那些琐碎和喧嚣，纷纷被剥落，退到远处，世界的本质，如秋天收割过的田野，裸露无遗。

一列剪掉树梢的柳树，有时看来好像是济贫所前面排队等待施舍的人。新长出来的玉米，带着无法形容的纯洁与温柔，它使人激起一种类似睡着的婴儿的感受。路旁被人践踏过的草，看来是那样的疲乏而肮脏，好像是贫民窟里的穷人。几天前，刚下过雨，我看到一片上了霜的卷心菜，冻得发僵

① 斯东. 亲爱的提奥：凡高书信体自传 [M]. 平野，译. 成都：四川人民出版社，1983.

地种在地里，使我想起在清晨看到的、站在咖啡摊子旁的一群穿着单薄短褂与围脖儿的女人。

这种悲哀不同于艺术家们指间轻柔的烟雾所飘出的伤感，它们具有土地一样朴素而沉重的性质。如果要赋予它们一种颜色，那应当是凡高所钟爱的紫色，在他的笔下，土地、群山，甚至天空，往往都呈现着美丽的紫——生命的热血凝结成的颜色。它们来源于一种庄严而宽广的爱：对自然与人的爱。在凡高那里，这两者其实没有区别：一片常青灌木或松树林，一个捡柴的小女人或一个翻地的农民，都“包含着某种海一样的崇高伟大”。这是对生命的爱，对这个变化无常的世界上某些永恒之物的爱。如果要给这样一种爱定位和命名，“悲悯”差可。

这或许可以成为我们理解凡高的起点。他的人生和绘画，均渗透了这样一种宗教般的热忱，与生俱来、一以贯之的悲悯。

他像一个虔诚的教士，发现、记录并传播自然那无与伦比的美。因此他的画超越了透视、比例这些概念与技巧，具有一种与自然一样无与伦比、惊心动魄的美。只有怀着对自然的深沉与炽热的爱，才可能画出这样的画，写下这样的文字：

> 铺满落叶的红褐色地面，因树荫而乍明乍暗，斑驳离落，如幻如梦，这情景深深地震撼着我。问题是……我极欲抓住大地的暗度。大地所产生的那股巨大无形的力和坚韧的充实感……我无法使自己从那富于颜色的明亮中间与燃烧般的感觉深处逃逸出来。
>
> 我要保持画面的清晰，要在距离不等的树身间画出流荡

着的空气，画得能够在里面呼吸并且绕着它走，能够闻到树木的芳香……

凡高说自己的作品“是冒着生命危险画的”。大地所产生的那股巨大无形的力和坚韧的充实感、树木间流动的空气、树木的芳香——什么样的颜料与技法能画出这些来呢？除了用生命去爱、去看、去画之外，还能用什么？除了“呕心沥血”之外，还能用什么方式？

但凡高并不是一个将自然田园牧歌化、理想化的画家，他笔下的风景并非远离人世的仙境、神境。揭示自然中所蕴含的生命的热情与苦难，使他远离了“采菊东篱下”式的恬淡与诗意。他主张像日本画家一样研究一片草，然后去画植物，画四季，画乡村，画动物与人。但凡高的草毕竟不同于东方文人把玩欣赏或寄寓离思的春草，他特别留意的是“路旁被人践踏过的草”，“看来是那样的疲乏而肮脏，好像是贫民窟里的穷人”。

当凡高将目光从风景转向人时，他钟爱的题材同样偏离传统的诗意：织布工人、吃土豆的人、割草的人、耕地的人、海滩上的渔夫、乡村邮递员、保姆，甚至放风的囚犯……这些普通的劳动者、被侮辱与践踏的人，都成为他的重要题材。他满怀着谦卑之心，画下他们黯淡的生活，画下他们的忍耐与艰苦劳作中所隐藏的崇高的美、真正的诗意。

对普通人尤其是不幸者的偏爱，似乎是凡高的一种本能。他告诉弟弟提奥，那些凋萎的生命，对他有一种不可思议的诱惑力。当他还是一个孩子时，他就“时常用无限同情，甚至是尊敬的眼光，仰望着衰老的妇女的面孔，在这种面孔上好像写着：实际的生活在这儿留下了痕迹”。正是这样的“无限同情，甚至是尊敬的眼光”，使凡高的人物画有了和生活一样的厚度与质感。

在凡高的个人生活中，我们也可以看到这种偏爱所产生的深刻影响。他爱上了一个酗酒的、怀着别人孩子的妓女西恩。似乎正是因为她的不幸，他才如此爱她：“没有人关心她与要她，她是孤独的与被遗弃的。我已经收容了她，已经尽我所能对她表示了爱情、温存与关心。她已经感到了这一点，她已经复活了，或者不如说，她正在复活。”比起托尔斯泰的鸿篇巨制《复活》，这里的“复活”没有考问灵魂的复杂与痛苦，简单温柔，却也更真挚动人。陀思妥耶夫斯基《白痴》中的梅诗金公爵，曾给予临死前的玛丽——一个被尘世遗弃的孤独的女子——这样的温存与关心，可能更接近凡高的“爱情”：并非情欲，并非施舍，更近于卑微者的相互取暖。在法国南部小镇阿尔，凡高在突然发作的精神错乱中割下自己的左耳，将这份“珍贵”的礼物送给了附近妓院的一个妓女雷切尔。他早就为自己选择了这样的命运：“我不止一次地不能抵抗爱情，常常是对那些被牧师在教坛上加以指摘的，认为是有罪的与被鄙视的女人充满着爱。”只是世人并不能认同他的独特的爱，反而也将其归入有罪者、被鄙视者的行列。家人与朋友一致反对他与西恩相恋；阿尔的居民则联名将凡高驱逐出了这座他喜爱的美丽小城。颇具讽刺意味的是，介绍凡高与阿尔渊源的法、英两种文字的海报在今天的阿尔随处可见，据说阿尔已把凡高当成了自己的城市名片。

在黑暗中升起黎明

1878 年，凡高悲悯的目光曾长久地停留于一个特殊的人群：矿工。在比利时南部的波里纳日矿区，凡高当义务传教士，并用画笔记录他们的生活。

凡高这样阐述他希望到矿工中去传教的理由：

从黑暗到黎明。是的，谁最需要它呢？谁要听它呢？经验告诉人们，是那些在黑暗中行走的人们，在地心里行走的人们——像在黑色煤矿中的那些工人，他们深深地为福音书的话语感动，十分信任它。

当凡高终于得到了矿区义务传教士的职位时，他非常积极地为这些“在黑暗中行走”的人工作着：传教，看护病人，晚上则睡在用硬木板搭成的床上。

在这段时间的书信里，我们可以读到凡高作为传教士对宗教的热忱，而他作为一个画家对风景、人物的敏感和准确把握，同样清晰可见。

于是他注意到冬天的矿区黑与白的奇妙对比：黑黑的煤矿工人们傍晚踏雪回家；那些小小的白色棚舍散布在远处黑色松林的背景上；围着花园、田地与牧场的黑荆棘，在雪地上看来像是白纸上的黑字。

在矿区，生活不是在地面上，而是在地底下进行着。因此凡高下到三百米深的坑道，在一个曾经死过许多人的矿坑中待了六个小时，观察这个对一般人来说完全陌生的世界：

在狭窄低矮的、用粗糙的木料撑着的坑道里有一排排洞窟，在每一个这样的洞窟里，都有一个煤矿工人，穿着一套肮脏的、黑色的下等粗麻布服装，依靠一盏小灯的微弱光线，紧张地在采煤。在一些洞窟里，他们是站着的，而在另一些洞窟里，他们是躺在地上的。这种安排，多少有点像一座地下监狱中的阴暗的过道，或者一排小织布机，或者不如说，更像一排农民家里的烤炉。其中有些洞窟是漏水的，在矿灯的灯光照耀之下，产生一种奇怪的效果，反射起来好像在水晶宫里一样。

这个水晶宫离我们何其之远，而事实上又何其之近。反复读这段文字时，我竟然产生了一种奇异的联想，仿佛是在读一则卡夫卡的寓言：白描式的冷峻文字描述出一个荒诞的地宫，揭示出一群人，同时也是整个人类的被异化了的命运和生存状态。这幅凄惨荒凉的景象，也因之具有了一种卡夫卡式的怪诞的美感。

“有谁会给那些在黑暗中行走的人们以慰藉呢？”答案依然是凡高。凡高不仅给波里纳日的矿工们送去关爱和精神的帮助；他的文字和画作，如黑色的煤炭，传达着来自地心的温暖，这温暖可以到达遥远的时空。多年以后，有一个名叫夏榆的矿区少年，以《在黑暗中升起黎明》为题，记下了他与凡高的相遇：“那一刻，我看见凡高，因为渴望获得实现而内心倍感痛楚，我像迷途的孩子找到自己的父亲一样。”他因为幸福而哭泣了。从此他携带着凡高，行走坐卧片刻不离。一个在地心里行走的人，一个水晶宫里的少年，一个孤独的阅读者，找到了自己的精神之父。他这样描述凡高对他的意义：“在遇见凡高之前，没有人会关心我内心和精神的状况。之后也再没有。”“之后也再没有”——他不惜这样预言自己的未来，用一生的孤绝守住凡高的唯一性。

他发现自己熟悉和迷恋的一切都在凡高的笔下呈现过：日日穿行的曲折、绵长、幽深的矿井的巷道，漫天的冬雪，高耸的煤山、井架，装满煤炭的矿车，还有那些如煤炭一样的窑工。而更重要的是，凡高像他一样，是世界上最孤独的人之一。于是凡高成了他最亲的亲人；他决定带上凡高一起走：“我去哪里，他就去哪里。遇见问题的时候，我就坐下来，打开，进入，寻找我们相似的场景，相似的情境，相似的命运和相似的觉醒。”由此他理解了自己绝望的爱情，理解了矿区北山上的那些穷人，理解了他们的信仰。

多年后，这个少年来到远离地宫的祖国的“心脏”，漂流，写作。之后，又供职于南方一家著名的报社。他这样总结凡高对自己的意义：

> 我坐在黑暗之中，坐在灾难之地，周围是荒败的废墟，无边的寂静和广大的虚无。但是我内心安详，灵魂沉静。我遥望和铭记着凡高，用他的孤独抵御我的孤独，用他的失败消除我的失败，用他的不幸瓦解我的不幸，用他的觉醒完成我的觉醒。

黑暗却不接受光

这本厚达600多页的书信集，主题可以概括为两点：绘画之美，生之艰难。后人多将后者作为前者的背景：凡高苦难的一生，只作为孕育杰出作品的土壤而存在。于是生命本身成为艺术的陪衬：为艺术而人生。

我们的生命中没有绘画之美，却一样要面对生之艰难。不同的是，凡高的生之艰难显然更为深重。幸运的是，上天将绘画之美作为回报或补偿给予了他；或许也可以反过来说，因为他拥有我们所没有的美和光明，上天便要他承受加倍的苦难。

艺术与日常生活的关系究竟如何？真正的艺术家在人世间为何总是举步维艰？莫非真如里尔克所说，“生活和伟大的作品之间，总存在某种古老的敌意”？凡高本人的回答是这样的：“一个画家，作为一个人，他太专心致志于他的眼睛所看到的事物，不能够充分掌握他的生活的其他方面。”

艺术家全神贯注于钟爱的艺术世界，他们能掌握的日常生活的技能（包括实在的劳动技能、微妙的人情世故等）就很有限。时间、精力的有限性，精神世界的纯粹性，都使他们与日常生活格格不入，离常人的世界越来越远。这是否也意味着他们日渐远离真正的生活，遁入了虚幻的艺术世界？一部分艺术家的确如此，他们躲进小小阁楼或地穴，作品和身体一样苍白而虚弱。但凡高并非如此。他将世俗蒙在生活上的尘埃一一除去，并用画笔描出其本应有的鲜明色彩和美丽线条。他的画所呈现的，是“活”着的生活，“活”着的人，是真正的生活。而常人则躲进日常工作、家务、旅游和各种休闲活动中，将其命名为“生活”，以逃离有着尖锐棱角的真正的生活。

艺术家的敏感，也成为其与俗世生活间的巨大障碍。他们对美异常敏感，对痛也是如此。美与痛之间，或许也有着某种先天的、深刻的相关性。叔本华曾指出，天赋过人者往往性格狂热执着，想象更为夸张鲜明，对任何形式的痛苦都极其敏感。而人世间不如意事十八九，因此他们感受到的痛苦也远多于凡夫俗子。我曾想，艺术家应努力地将这种天性中的敏感集中到艺术领域，减轻甚至忽略生活中的种种痛苦。然而人的神经系统显然不能做如此整齐分明的切割，对美与痛的敏感，贯穿了许多卓异者的一生。

敏感及其所带来的痛苦，内化为一种深沉的忧郁，使艺术和生命远离轻浮，日渐沉重；痛苦也时时向外寻找出口，使艺术家成为常人眼中的暴戾者，其中也包括他们至爱的亲人。据提奥的妻子回忆，提奥曾写信告诉妹妹，和凡高一起生活非常困难。在一天劳累的工作结束后，回到家里，等待他的是暴躁发怒的凡高高谈艺术和卖画的理论。吵闹常常持续到深夜，有时候凡高还拿了张椅子坐在疲惫的提奥的床前说完他的理论。家中再也没有来访的友人，因为每次来访都以与凡高争吵结束。凡高的不爱整洁也使提奥很不习惯。提奥这样概括凡高的性情：

> 他好像两面人，一面是旷世天才，温柔又高尚，另一方面却是极端的自我本位者，充满怨恨……可惜得很，他竟是自己的仇人，他不只使自己生活难过，也使别人难过。

不知道凡高是否知晓最亲爱的弟弟曾如此评价自己。其实早在1878年给弟弟的信中，他这样写道：

> 勤勉与灵巧地干他们的艰苦的工作，勇敢而豪爽……具有神经过敏的气质；我的意思不是说他们柔弱，而是十分敏感……有一种天生的、根子很深的对每一个想要压在他们头上作威作福的人的憎恨与不信任。

这是他对当地烧炭工人的描述，然而又何尝不是他的自画像？人生之艰难，境遇之困窘，使凡高对可能遭遇的不公正与侮辱尤为敏感，甚至往往将其夸大，使自己陷入一种剑拔弩张的紧张状态，也给亲友带来痛苦与伤害。

弟弟是宽容的，宽容来自像海洋一样宽广的爱；他也相信凡高在绘画之路上将终有所成。因此他一如既往地向凡高提供经济上的帮助，只是希望他改住别处。美国的民谣歌手唐·麦克林在欣赏了凡高的《星夜》之后，在激情中创作了《繁星点点》（*Starry, Starry Night*），唱出了这样的慨叹：“This world was never meant for one as beautiful as you”（意即“美丽如你，这个世界注定与你格格不入”，更有钟爱凡高的读者将其译为“汝本天人，岂容浊世”）。如星夜般灿烂的生命，是不适合安置在一个普通的家庭里的。因为家庭生活所要求的整齐与宁静、不可避免的单调与重复，与艺术家热爱的丰富与激情是不相容的。艺术家或许应安于孤独的宿命，不去奢求正常家庭的温暖。

但这种暴戾不应只被视为艺术家的怪癖；暴戾其实是某种坚守的变态反应：不惜突破常态对抗一切现实或想象中的强权与约束，以维护自己珍视的艺术。家人只是循规蹈矩的普通人，希望所有的家庭成员都在安全的束缚之中，于是许多天性之光在日常生活的规律性和随之而来的条条框框中渐渐磨灭黯淡。也有一些光束由于能量太大，不能停止燃烧，无法静止在相框中展示家庭的幸福，在焚毁相框的同时，也伤及家人和自己。向日葵只能怒放在旷野之中，岂能容于一个狭小的空间？而蕴含着巨大的生命力量，向后世传递温暖的，终究是旷野上的向日葵，而非相框里呆板的微笑。

然而艺术之光、人性之光，并不能照亮人生巨大的黑暗。目睹一个杰出的艺术家实际上过着寄生生活，成为他所爱的人的拖累，自己也时时感到巨大的痛苦与耻辱，对热爱凡高的读者来说，几乎是不可承受的痛苦：“如果我在今年内能够设法画出价值二百法郎的五十幅习作，我就不会对吃、喝感到过分的耻辱，而好像是有了吃、喝的权利了。”在绘画中，凡高的精神在梦幻般的美中游弋：“我已经不再感到我自己，图画好像梦一般地从我的手下画出来。”这是梦幻般的幸福，常人难以企及的幸福。然而肉体却拉着他不断下坠，时时提醒他吃喝的需要、生存的需要。鞭子不断落下，所及之处，血肉模糊，疼痛难忍；即使暂未落下，也一直高举着，随时可能落下，使人陷入深深的恐惧。就其对人的伤害程度而言，后者或许更甚于前者。鞭子在损毁肉体的同时，也渐渐消耗精神。光束的两旁，依然是无边的黑暗，而光对此无能为力，如凡高对提奥所言："你可以仍然按照你自己的路子走，怀着仁慈的心行动，但是有什么用呢？"黑暗最终湮没了光。我们被抛在黑暗中，沉默像黑暗一样浓重。

夜幕果真如此厚重？或许也可以撕开一些罅隙？晚于凡高十多年出生的法国原始画派女画家萨贺芬·路易斯以在富人家帮佣维持生计，将所得的微薄收入与所余时间全都献给绘画；美国哲学家埃里克·霍弗长期从事码头搬运工作，1964 年成为加州伯克利大学高级研究员后，仍未离开码头，在码头上的观察与思考，成为他撰写群众运动心理学的基础，他也因此被称为"码头工人哲学家"。画画、写作的手在劳作之后，可以继续画画、写作；尽管艰难，但并非全无可能。艺术之光，只能用自己的手去创造；人生之黑暗，也只能用自己的手去撕破。

值得一提的是，据编者欧文·斯东介绍，凡高的书信集曾在英国一家出版社刊印，是一套精致的三卷本，共有 1670 页。他认为这套书对普通读者来说价格过高、阅读时间过长，因此和妻子一起将这 1670 页材料缩编成一册"流畅的、连贯的、分量适当的"书。他的原则是："保持凡高所写的美的、重要的材料，去掉那些重复的、无关紧要的细节与注解，这些东西已经失去了它们的意义和价值。"

那些重复的细节与注解或许并非无关紧要：即使不是美的、重要的，也自有其意义和价值。如果说我们目前所读到的缩编本更多地展示了美与光明（尽管其中已经包含了许多黑暗），那些删去的部分对应的应为黯淡乃至黑暗。在欧文·斯东的原则里，黑暗本身并无价值，其意义为衬托光明。而真实的世界又如何呢？会不会竟然是：隐约闪烁的光明，只衬出了无边黑暗之浓重？或者光是光，黑暗是黑暗，互不相干？

感谢欧文·斯东的努力。但完整的生命是不容删节的，不管其展现的是光明还是黑暗。珍惜光明的同时，也应正视黑暗，其中也包括我们每个人生命中巨大的黑暗。

盛开的向日葵

人与书的遇合，正如人与人的遇合。被那段话“击中”之后，我开始寻找这本书。最终来到我手里的这本书，是请同事帮忙从旧书网上购得的。有一日早晨到办公室，这本书静静地躺在桌上，如一个从天而降的礼物。近于黑的深紫色背景上，一棵紫色的丝柏如燃烧的火焰，跃入我的心中。翻到最后，微黄的书页上盖着一个红色的印章：天津市 ×× 中学图书馆。这是一所什么样的中学？多年前的校园，有古旧的老楼与枝繁叶茂的老树吗？这本出版于 1983 年的书，在这个小小的中学图书馆里停留了多久？有多少孩子灰蒙蒙的眼睛曾被这本书擦亮，为一个多世纪前那位不幸而伟大的画家燃起火焰或流下纯洁的泪？他们如今都散落在何处？还会记得这本曾经在生命中刻下印痕的书吗？还有一种可能：这本书一直孤单地立着，立着，最终流入了旧书市场……

在网上无意中读到过一位读者的回忆：“抚摩着书的封面，我突然想起了最初鼓励我读此书的那个人。他是我有限的记忆中不多见的天才诗人之一，他以凡高为最高理想，写下了至今仍让我仰望的诗歌。可惜他最终没有坚持理想，在诗歌和世俗面前他选择了后者，以诗人的智慧投入生存赛跑的行列中。”这位读者为我的想象提供了一个令人悲伤的结局：曾经被凡高擦亮的眼睛，重新蒙上了世俗的尘埃。令人好奇的是，这位读者自己在诗歌和世俗间做出了什么样的选择？从这位读者的叙述中，我们似乎可以猜测诗歌和理想在其生活中并未走远。

一本辗转来到我手中的书，背后该有多少耐人寻味的故事？而如今，这本书正静静地躺在我的桌上，如一个从天而降的礼物。

不知是出于编者刻意的安排还是巧合，这本“撄人心”的、长达600多页的书信体自传，为读者呈现的最后一幅风景温柔、美好而平静：

> 我现在完全被衬着群山的广大无边的麦田吸引住了。平原辽阔如海洋，美妙的黄色，美妙的、温柔的绿色，一小片犁过与播下种子的土地的美妙的紫色——这片土地被开了花的土豆画上了绿色的格子；在这一切的上面，是带着美妙的蓝色、白色、粉红色、紫色调子的天空。
>
> 我的心情非常平静了，我想要画下这种景色。

为凡高生命结束的那个悲惨时刻作注的最合适的作品，当为那幅著名的《麦田里的乌鸦》：一大片金黄的麦田在蓝色的天空下延伸，黑色的鸦群在麦田上低低地飞翔。明亮的黄与蓝，以层层堆叠的奇异笔触，与黑色的鸦群一起传达出不安、压抑、孤独甚至死亡的气息。然而我却希望能将凡高的生命定格在这片温柔的麦田里：他沉浸在自然的辽阔与美丽中，平静地工作着，平静地死去，安眠在这片永恒的麦田里。

合上书，我的眼前浮现出的凡高，并不是面容严峻的受难者，更不是眼神迷狂的疯癫者，而是一个对世界之美张开了惊异的眼睛、孜孜不倦地用画笔记录一切的沉着的劳动者。他确信：终生努力地表现隐藏在那些普通形象（即使只是一个劳动者的形象、一块耕地上的犁沟）中的诗意，确实是值得的；这是一种“无上的幸福”，因此他不能“把自己列入不幸者之中”。

书的封底复制了封面的图案，只是将背景的深紫换成了中紫，将丝柏涂成了白色。设计者是否也想将更多的温暖与平静留给我们，让我们在一次激荡人心的阅读之旅后，平静地“回家”？而凡高想留给我们的，也并不是他动荡不安的一生所承受的苦难，而是他作品中燃烧着的爱。它们将永远如向日葵般盛开在广袤的大地上。

一个孩子天天向前走去

——献给手塚治虫和他的《拯救玻璃地球》

有一个孩子，每天向前走去，

他最初看到，并且以或赞叹、或怜悯、或热爱、或恐惧的情感感受到了什么，

他就会成为什么。

他的所见成了他生命的一部分，在那一天，或那一天的某些时间，

或者在很多年里，甚至延续终生。[①]

——惠特曼

19 世纪的美洲，诗人惠特曼为我们画下一个孩子的生命历程。

20 世纪的亚洲，有一个孩子每天向前走去。他背着一个神奇的大口袋，捡拾遇到的一切。他用神奇的魔法，将这一切融汇重组……每遇见一个孩子，他就打开他的大口袋，口袋里砰的一声飞出来的东西，如此可爱又如此奇怪——铁臂阿童木，怪医黑杰克，三眼神童，小飞龙，火之鸟……

这些可爱又奇怪的形象，点缀着文具盒，装进书包，飞进我们童

① 译者为黄晓燕。

年的悠长时光，在那些蝉鸣不已的午后；飞进我们绮丽的梦境，在那些漫长浓黑的夜晚；飞进我们缀网劳蛛般的人生，时时引我们回忆与遐想。

那口袋里究竟有些什么？那些神奇的变化又是如何发生的？让我们变身为一只小小的昆虫——就是那个孩子名字里那只“虫”——钻入袋中，一探乾坤。

口袋里有伟大的自然。

到处奔跑过的山野、回荡在树林中的风声、小河中成群的鱼儿、随处可见的昆虫、灿烂盛开的花朵，还有蝴蝶无法言说的气味，独角仙（一种昆虫）如橡树和栎树的树胶般的气味，蜻蜓如秋天花草般清爽的气味……这些都让这个孩子的心渐渐沉静下来，让他以后无论经历了什么，只要置身于自然的怀抱，就能感受生命的伟大和美丽。

口袋里有慈母的爱。

母亲从父亲给的生活费里，为他省出了买书的钱，这些钱大部分被他花在漫画书上。在那个漫画书还被视为闲书甚至有害读物的年代，母亲却允许他随心所欲地阅读。不但如此，母亲还为他声情并茂地朗读书中的故事，扮演不同的角色，款待被两百多册漫画书吸引来的孩子们，让他与曾经欺凌过他的那些孩子王、捣蛋鬼一起沉浸在漫画的奇妙世界中，最终成了朋友。母亲还让他独自带着年幼的弟弟，穿越城市，换乘轻轨和地铁去上美术课，经历各种新鲜刺激的人事，比如，在误入的高级西餐馆用仅有的几元钱点餐，第一次使用刀叉，吃下一份在孩子眼里巨大无比的有点咸的牛排，那份牛排，一直让他记忆犹新。

口袋里有恩师的鼓励。

发现了他一整个本子的涂鸦后，班主任乾老师不但没有批评他不务正业，还在老师们中间宣传、传阅他的漫画本并鼓励他：“你应该画更多漫画，你将来一定会成为一个漫画家的！”个子矮小、眼睛近视、头发因自然卷而乱作一团的他常遭欺凌，深感自卑，老师的话让他顿时精神焕发，勇气百倍，感觉人生充满了光明。他从此苦练漫画，在学校里成为一个颇具个性的人物，曾经轻视与欺负过他的那些孩子，也成了他的漫画粉丝。乾老师也是他们的语文老师，年轻而充满热情的乾老师鼓励孩子们不管文章和字写得如何，想写多少就写多少，课上写不完就带回家继续写，花上一周甚至更多的时间也没关系。在老师的鼓励下，他详细记录自己的一次旅行，用了五十张纸还未写完，只好在结尾处写上“且听下回分解”。在这样的写作中，他体会到了编写故事的乐趣，打下了一生工作的基础。

他将这些珍藏于心，施以神奇的魔法，让它们发生了奇妙的变化。

魔法一：好奇心与想象力

他相信是好奇心与想象力带给我们浪漫而充满快乐的探险之旅。对神秘的未知世界的探究，不但不会因一个谜底被揭开而停止，反而会产生更多的谜题，激发更多的好奇心和想象力，比如纳斯卡的地画、复活岛的石球、奈良的酒船石，都使他流连，迷恋，惊叹，心潮澎湃，揣摩幻想……

魔法二：包容心与共情力

目睹小动物的死亡，他体会到生存的喜悦之下还有悲伤，学会了理解他人的痛苦与生命的可贵。看到自动售票机前因行动不便而手忙脚乱、痛苦无力的老人，他会提醒自己，想象一下那些工作了几十年之后的老人，是怀着怎样的心情生活的，思考如何让老人的晚年依然拥有“生存的意义”，而不只是简单地延续生命。他包容人性的复杂，认为“恶”不等于“坏”，对善恶的界定应慎之又慎，人的身上往往善恶并存，“恶人”内心也有脆弱可爱的一面；他认识到宇宙的二元对立与互补：正能量与负能量，一起组成了宇宙，且互相转化，变动不已。

魔法三：永恒心与意志力

友人拜访他，发现他总是忙碌不停，点子一个接一个，新作一部又一部。因癌症手术住院后，他仍不断地画着连载漫画，还安排了不计其数的出院后的工作计划；去世前十多天，还在制作动画片。他留下了十五万页的漫画原稿，远超一万小时定律的久久为功与匠人精神，或许是所有魔法中最重要的：要创造出辉煌灿烂的艺术世界，他必须像一个勤劳严谨的织工那样不懈地编织，让浪漫的想象落实为瑰丽长卷上每一个无可挑剔的细节。

如今，这个施展魔法，让口袋开出绚丽花朵，散发浓郁芬芳的孩子，已经永远地离开了我们。而他的口袋则变成了壮丽的地毯，在大地上绵延不绝。

他真的离开我们了吗?

也许，就像他所想象的那些未来的宇宙中出生的孩子，如今的他，正在某颗遥远的星球上，回望孤独而美丽的地球，提醒我们，要珍惜和拯救这颗“玻璃地球”；也祝福我们，成为“未来人”和“宇宙人”，拥有宇宙视角，眼里闪烁着星星般的光芒，想象力则可以超越光速，瞬间到达几千几万光年外的遥远星球，与他一起徜徉于浩瀚星空。

所有看他的漫画长大的孩子，所有沐浴在他的祝福中的孩子，正天天向前走去，也将一直向前走去。所有这一切，成为我或者你，成为当下的我们。

废墟之上，仍有火光

火点燃了废墟。

火光照在黑暗里。黑暗会接受光吗?

有些人是特殊的存在。他们不惮于回望黑暗，凝视黑暗。他们书写黑暗，以燃烧的心。

从纳粹手中死里逃生的犹太诗人保罗·策兰写下《从黑暗到黑暗》的诗篇。

与策兰有相同创伤的犹太诗人奈莉·萨克斯，写下《夜啊，夜》。

以色列作家阿摩司·奥兹则以《爱与黑暗的故事》书写犹太民族与自己家族的历史。

黑暗是普遍的。

黑暗也是持久和危险的。“凝视深渊过久，深渊将回以凝视。”尼采早就如此警告。战争结束了，策兰却始终未曾逃出黑暗，多年后自沉于黑暗的心湖。

而有些人，本可以安全地停留于黑暗之外。比如钟爱策兰的德国画家安塞姆·基弗。他出生于1945年的德国，20岁进入大学学习法律。战后的废墟与阴影犹在，但战争毕竟已成过去。命运却召唤他，以双手描绘黑暗，建造废墟，重燃火焰，烛照历史。

历史以剑与血铸造历史。血流成河，白骨蔽野。古往今来皆如此。诗人则以语言和韵律记录历史，诗即史。“夜深经战场，寒月照白骨。”一千多年前的唐代，杜甫在北征途中，记下历史的一瞬。

画家则以线条、色彩、造型重现历史，比如基弗。但基弗的创作中有浓郁的诗意。有些意象反复出现：天空，原野，森林，洪水，河流和海洋，道路，鹰，蛇，石头，花朵，火与剑，书……铺陈比兴，状物叙事，寓意抒情。以形象去表现，却放弃外在的形似，追求内在的神韵。诉诸形象，直达本质，却又开放多义，这正是诗的特质。

诗人们滋养了基弗丰饶的灵魂：里尔克的诗流淌过他的少年岁月；策兰直接启发了他的创作，他的不少作品以策兰的诗为主题，比如根据策兰名作《死亡赋格曲》所创作的《玛格丽特》《苏拉密斯》系列；2005 年，基弗在萨尔茨堡举办了“献给保罗·策兰”艺术展。

策兰诗歌的主题、风格深植于基弗的创作，诗人王家新则注意到了另一种“肌理”的相似：

> 策兰后期往往运用一种灰烬、残骸、无机物的语言，即他自己所说的奥斯维辛之后“可吟唱的残余”。基弗常用的材料包括油彩、泥土、铅、石头、灰烬，废品、残骸，模型、照片、版画、头发、树枝、沙子、钢筋、稻草，胶，等等。他将这些材料纳入巨幅的绘画场景中，构成了画面特有的肌理。

据说基弗本想成为一个诗人，最终他以一种特殊的形式与策兰携手，徘徊吟唱于废墟之上。他被称为“成长于第三帝国废墟之中的画界诗人”。

从某种意义上说，基弗是一个出色的译者，将历史和诗歌译成画。

这历史当然不仅仅是过去，它也是当下，甚至是未来。谁敢说新千年的我们已走出了那浓重的黑暗？

身处遥远的东方，我们需要一个出色的译者将画重新译成诗歌和历史，我们将发现那废墟绝不遥远。

幸运的是，有一位诗人替我们承担了这项艰难的工作。林贤治先生是学者与评论家，本质上却是个诗人。早年他曾写下诗集《骆驼和星》《梦想或忧伤》，而他的散文与评论也往往充溢着浓郁的诗意，或者竟是不分行的诗。比如这本以基弗作品为主题的《火与废墟：基弗艺术札记》，绝非我们常见的文艺批评。从结构就可以窥见诗人的“野心”——引子；天空和大地；博物志；建筑学；政治考古学；艺术：介入和超越。每章又生出摇曳多姿的枝条，如《建筑学》一章分出：法西斯建筑，巴尔雅克，阶梯，廊柱，门，广场与密室……枝条上再开出疏密有致、情态各异的花朵：长短不一的片段，时缓时急、时轻时重的节奏韵律，段与段间的停顿和空白，或幽暗或浓艳的文字……有些语句索性分行排列，直接以诗的形式出现，如《天空》的开头：

在云飘过之后，
在鸟类和飞机掠过之后，
在咆哮的暴风雪安静下来之后，
在太阳月亮和群星隐没了它们的光芒之后
…………

这只能是诗，而绝非通常意义上的美术评论。

而在这“之后”之后呢？据说最后留在策兰书桌上的，是一本打开的荷尔德林的传记。他在其中一段画线——“有时这天才走向黑暗，沉入他的心的苦井中”，而这一句余下的部分并未画线：“但最主要的是，他的启示之星奇异地闪光”。

废墟不应沉入忘川。

废墟之上，仍有火光。

图书在版编目（CIP）数据

教师的书桌：从阅读抵达教学 / 周春梅著 . -- 北京：中国人民大学出版社，2022.10
ISBN 978－7－300－31093－0

Ⅰ. ① 教… Ⅱ. ① 周… Ⅲ. ① 中学语文课—教学研究 Ⅳ. ① G633.302

中国版本图书馆 CIP 数据核字（2022）第 186990 号

教师的书桌：从阅读抵达教学
周春梅　著
Jiaoshi de Shuzhuo: Cong Yuedu Dida Jiaoxue

出版发行	中国人民大学出版社		
社　　址	北京中关村大街 31 号	邮政编码	100080
电　　话	010－62511242（总编室）		010－62511770（质管部）
	010－82501766（邮购部）		010－62514148（门市部）
	010－62515195（发行公司）		010－62515275（盗版举报）
网　　址	http://www.crup.com.cn		
经　　销	新华书店		
印　　刷	北京华宇信诺印刷有限公司		
开　　本	720 mm × 1000 mm　1/16	版　　次	2022 年 10 月第 1 版
印　　张	11.75　插页 1	印　　次	2025 年 9 月第 4 次印刷
字　　数	140 000	定　　价	68.00 元